ホテル
ビジネス
2023

パンデミックを越えて

吉田 雅也

Masaya Yoshida

三恵社

目次

Chapter 1

ホテルビジネスの世界へようこそ

Welcome to Hotel Business

本章の目的

- ホテルが提供する価値について考える。
- 経験経済の概念を学ぶ。
- ホテルの存在意義について考える。

---

1. はじめに

　みなさんは、どのような場面で「ホテル」を利用した経験があるでしょうか。

　ホテルのラウンジでアフタヌーンティーを楽しんだり、フレンチレストランで豪華なフルコースディナーをとったり、あるいは友人の結婚披露宴に招待されたこともあるかもしれません。旅先では客室に宿泊して、そこを拠点として観光地を巡ったこともあるでしょう。ビジネスマンであれば、出張でビジネスホテルに宿泊したり、接待のため和食レストランで会食したり、はたまた会議で宴会場を利用するといったケースもあることでしょう。

　一口にホテルといっても、その形態や規模はさまざまです。絶海の孤島にひっそり佇む隠れ家のようなリゾートホテル、スキー場のゲレンデに直結したレジャーホテル、大都会に聳え立つ巨大なシティホテルや、複合ビルの上層階にある洒落たデザインの外資系ホテル、駅前の小さなエコノミーホテルなど、多種多様な選択肢があふれています。

　このようにいろいろな顧客の多様なニーズに応え、さまざまな業態が存在するホテルとはどのような産業なのでしょうか。

　本章では、まず身近な事例からホテルビジネスの特徴や存在意義について考えてゆきたいと思います。

2. ホテルのコーヒーはなぜ高いのか？

　みなさんはコーヒーを飲みたいとき、どんな商品を思い浮かべるでしょうか。

ドトールコーヒーやスターバックスといったセルフ式コーヒーショップ、コメダ珈琲店やルノアールなどのフルサービス型喫茶店、ファミリーレストランのドリンクバー、自動販売機の缶コーヒーなどなど。

コンビニ業界でもセブンイレブンをはじめとする多くのチェーンでカフェ販売が活況を呈しています。

セブン-イレブン・ジャパンが2013年1月から発売したセブンカフェは、税込み100円（レギュラーサイズ。2022年7月より税込み110円に改定）という低価格ながら、香り高い挽きたての本格的なドリップコーヒーを手軽に楽しめるというコンセプトが消費者の支持を集め、着実に販売数を伸ばし続け、ついに2017年度には年間10億杯を販売する大ヒット商品となりました[1]。

それにしても1杯100円という価格は非常にインパクトがありますが、果たして採算はとれているのでしょうか。

実はセブンカフェ1杯あたりのコスト（原価）は、コーヒー豆等の原料代が10〜20円、カップやフタ等の容器代が30〜40円であり、粗利益率は約5割です[2]。この利益率はコンビニで販売している他の商品と比較しても非常に高い水準であると言えます。

一方、日本のシティホテルを代表する帝国ホテル東京のロビーラウンジ「ランデブー」では、ブレンドコーヒーは1杯1,900円（税込み）で提供されています。[3]

セブンカフェのコーヒーと、帝国ホテル東京のブレンドコーヒーとでは、実に17倍以上の価格の開きがありますが、なぜこのように大きな差があるのでしょうか。

ジャーナリストで名城大学教授でもある池上彰氏は、高級ホテルのコーヒーの値段が高い理由として、**「高い値段でもそこで飲む人がいるから、高いコーヒーが供給されている」**と述べています。[4]

たしかに池上氏の指摘は正論であると思われますが、それでは高い値段を払っても飲みたいと思う人が、実際にホテルのどんな部分に価値を認めて代金を支払っているのかについてまでは言及されていません。ここではその点についてもう少し深く掘り下げてみましょう。

まず原材料については、コンビニもホテルもブレンドコーヒー豆を使用しています。品種や等級、ブランド等によって価格の違いはありますが、1杯分のコーヒー豆の量で考えれば高級ホテルのラウンジでもコンビニの数倍程度の価格であると考えられます。

---

[1] 株式会社セブン-イレブン・ジャパン　ウェブサイト「セブン＆アイの挑戦」　2018年7月
https://www.7andi.com/company/challenge/3062/2.html
[2] 週刊東洋経済eビジネス新書 No.38「ドル箱 コーヒー市場争奪戦」
[3] 帝国ホテル東京　ウェブサイト　http://www.imperialhotel.co.jp（2022年8月時点）
[4] 日経Bizアカデミー「池上彰のやさしい経済学」http://bizacademy.nikkei.co.jp

食器については、コンビニが紙コップやプラスティックであるのに対して、ホテルでは陶磁器のカップ＆ソーサーとシルバースプーンを使用しており、価格はかなりの違いがあります。さらにミルクピッチャーや砂糖ポットなども含めれば、購入価格でいえば数千円～数万円はかかりますが、繰り返し使用できる食器もありますので、実際の耐久使用回数で割って考える必要があるでしょう。

サービスの面では、コンビニは客がコーヒーマシーンを操作して抽出するセルフサービスであるのに対して、ホテルの場合はウェイターまたはウェイトレスがコーヒーを淹れ、席までカップを運んでくれます。その際にサービスをしながら、客の状況を判断して臨機応変に対応する（心配りをする）という部分が最大の違いと言えるでしょう。

時間に関しては、コンビニは客が紙コップをレジで購入してマシーンまで運び、スイッチを入れれば 45 秒程度で完成してしまうのに対して、ホテルでは注文をとってから客の前にコーヒーが運ばれるまでに 45 秒ということはまずないでしょう。むしろ時間をかけてコーヒーを楽しんでくつろいだり、同席の人とおしゃべりをしたりといったことが主な目的であると考えられます。

スペースは、コンビニが持ち帰りを基本としているのに対し、ホテルではシャンデリアなどを設置した豪華な内装の中で、座り心地のよいソファでゆったりとくつろぐことが最大の価値と言えるでしょう。

コンビニのコーヒーとホテルのコーヒー（比較）

	コンビニ	ホテル
原材料	ブレンドコーヒー	ブレンドコーヒー
食器	紙コップ、プラコップ	陶磁器、銀器
サービス	セルフサービス	スタッフがサーブ 細やかな心配り
時間	45 秒以内に完成	ゆっくり楽しむ
スペース	なし（持ち帰り）	ソファ、テーブル 優雅な雰囲気

3. ラグジャリーホテルに求められる価値

　このように考えてみると、コンビニのコーヒーとホテルのコーヒーとでは、求められる価値が
まったく異なっていることがわかります。コンビニではコーヒーの品質と価格のバランス（コス
トパフォーマンス）のよさが求められるのに対して、ホテルではコーヒーの味もさることながら、
その空間で過ごす時間や雰囲気により大きな価値が認められていると考えられます。

　B・J・パインⅡら（1999）は、コーヒーの経済的オファーの段階を次のように分類してい
ます[5]。

　　第1段階：　コモディティ（コーヒー豆）

　　第2段階：　商品（パッケージ）

　　第3段階：　サービス（コーヒーショップ）

　　第4段階：　演出された空間で味わう「経験」（ホテル）

コモディティとしてのコーヒー豆は、ブレンドされたりブランド名をつけてパッケージされる
ことによって価値が高まります。コーヒーショップで店員がコーヒーを淹れ、器に入れて提供す
ることでその価値はさらに高まります。そしてさらに価値を高める要素は、ホテルなどの豪華な
空間でホスピタリティあふれるサービスを受けながらゆったりと楽しむ、という「経験」である
というわけです。

　つまりラグジャリーホテルの存在意義とは、ただ単に睡眠がとれて腹を満たすだけ、という人
間の根源的欲求の充足のみでなく、洗練された調度品や豪華な施設といったハードと、ホスピタ
リティ精神をもった従業員によるサービスというソフトが混然一体となって、最高の演出で「非
日常」的な雰囲気を体験できる場を提供することにあるのです。

4. ブティックホテルが提供する価値

　ブティックホテル（Boutique Hotel）は、1978年、ロンドンにオープンしたBlakes Hotel
が嚆矢とされ、その後欧米を中心に多くのホテルが作られていきました。画一化されたチェーン
ホテルが拡大していく時流に反するように、個性的でスタイリッシュな小規模ホテルが「我が家
のような雰囲気」や「パーソナルなサービス」を提供することによって、一部の消費者の熱烈な
支持を集めていったのです。

　日本では2017年5月、東京・渋谷区にTRUNK（HOTEL）がオープンしました。ホテル
のコンセプトは、"SOCIALIZING"（自分らしく、無理せず等身大で、社会的な目的を持って

---

[5] B.Joseph Pine & James H.Gilmore（1999）The Experience Economy: Work Is Theater &
Every Business a Stage　邦訳：岡本 慶一 訳（2005）[新訳]経験経済. ダイヤモンド社

生活すること）であると宣言されています[6]。実はこのホテルは、ウェディング事業を展開する株式会社テイクアンドギヴ・ニーズが日本で本格的な「ブティックホテル」をつくるために開業した1号店であり、2030年までに全国に26店舗を開業する計画です[7]。

　実際にTRUNK（HOTEL）を訪れると、1階部分にラウンジがあり、Tシャツにジーンズをはいた男性客がコーヒーを片手にパソコンで仕事をしたり、流行の服を身にまとった若い女性たちがスマホで写真を撮り合ったりと、おしゃれで自由な雰囲気のなかでくつろいでいる様子が見られます。TRUNKはこのラウンジのコンセプトを「お客様の"サードプレイス[8]"になること」と表現しています。ラウンジのコーヒーは600円（税込み）で販売されており、先述の帝国ホテルのラウンジの3分の1程度の価格であり、誰でも気負わずに利用できる価格帯です。

　ブティックホテルのラウンジは、地元の人々も気軽に利用できる開かれた場を提供することによって、地元住民と宿泊する旅人が交流できるコミュニティ（ハブ）となり、新たな出会いも生まれるかもしれません。旅人にとっては、地元の人々に交じって、リラックスした時間を過ごすことができます。普段の生活圏とは異なる土地で日常生活を経験する、言わば「異日常」を体験することができるのです。

　コロナ禍を経て、消費者は改めて自由に旅することや、人と出会い対話することの大切さを再認識するようになりました。ブティックホテルが提供する「サードプレイス」としての経験価値は、こうしたニーズに適合しており、今後ますます求められていくものと考えられます。

5. Airbnb（エアビーアンドビー）が示したもの

　アメリカ・ロードアイランド州の美術大学、Rhode Island School of Designを卒業したブライアン・チェスキー（Brian Chesky）とジョー・ゲビア（Joe Gebbia）は、サンフランシスコに住み始めましたが、アパートの家賃を稼ぐため、部屋の中にエアーベッド（空気で膨らませる簡易ベッド）を設置して朝食を提供するビジネスを2007年に開始しました。その後、自宅以外の物件も仲介するようになり、宿泊者と宿泊施設提供者を結ぶプラットフォームとして、2008年にAirbedandbreakfast.comというウェブサイトを立ち上げました。これが後のairbnb.comの前身です。

　Airbnbの仕組みとしては、部屋を提供したい人（ホスト）がairbnbに登録を行い、宿泊したい人（ゲスト）は目的地のリストから予約をとり、契約が成立します。ホスト、ゲストともにパスポートなどを使用した本人確認が義務付けられており、さらに実際に利用した後にお互いを評

---

[6] TRUNK（HOTEL）ウェブサイト（2019年8月閲覧）　https://trunk-hotel.com/about/concept/
[7] 株式会社テイクアンドギヴ・ニーズ　プレスリリース（2022年5月13日）
[8] サードプレイス（third place）とは、家庭でも職場でもない第3のコミュニティのことを指し、カフェ、クラブ、公園などが該当する。

価する格付けシステムによって、信頼性の保証がなされています。

　その後も同社は順調に成長を続け、現在では 220 の国と地域の 10 万以上の町で、600 万件を超える物件を仲介する世界最大の民泊仲介サイトとなりました[9]。世界最大のホテルチェーンであるマリオット・インターナショナルの客室数が 147 万室であることを考えると、600 万件という物件数はその約 4 倍に匹敵します。2020 年 12 月には米ナスダック市場に上場(IPO)し、時価総額は一時 985 億ドル(約 10 兆円)に達しました[10]。

　創業者のブライアン・チェスキーは、Airbnb のコンセプトを「誰でもどこでも居場所が見つかる世界」として、ゲストはホストからファーストネームで呼ばれ、居場所を感じることができる世界をつくりたかったと述べています[11]。

　ホテル経営者で作家のチップ・コンリー(Chip Conley)は、2013 年から Airbnb のグローバル・ホスピタリティ&ストラテジー責任者を務めましたが、彼が入社後、最初に疑問に思ったことは「エアビーアンドビーの社員でもないホストが、ゲストへのおもてなしをしたいと思う理由は何か」というものだったと述べています。ホストの人々に調査を行った結果、彼らのモティベーションの源泉は以下の 2 点でした。

　　1. 多くのホストはホームシェアを重要な収入源にしているため。ゲストのレビューや検索
　　順位、特徴など掲載物件をよく見せることは収入に大きく影響する。
　　2. 自宅やアパートを他人に貸すとき、相手との距離が必然的に近くなる。多くのホストは
　　ゲストとの信頼関係を築くためにおもてなしを重視している。ホストはゲストに喜んでもら
　　えるサービスを提供できると、自分もうれしくなる。

　つまり、ホストとなる人が収入を得るためという動機はもちろんありますが、同時にホストが自宅にゲストを招くことによって、ゲストをもてなして喜んでもらえることに喜びを見出していた、というわけです。チップ・コンリーは自身の経験を振り返り、現代のホテル経営は利益追求を重視する「ビジネスのためのホスピタリティ」になってしまっていると指摘します。宿泊業のアマチュアである Airbnb のホストが旅人を迎えることによって、他人を喜ばせたいという純粋な「人情」が生まれ、Airbnb のコミュニティはホストとゲスト双方にとって大きな価値を生み出し、世界中に拡大する原動力となったといえるでしょう。

6. あらたな体験価値の提供

　2018 年、星野リゾートは都市観光を楽しむためのライフスタイルホテルとして、OMO7 旭川と OMO5 東京大塚をオープンしました。「OMO」ブランドのコンセプトは、「都市観光のテ

---

[9] Airbnb ウェブサイト　https://press.airbnb.com/about-us/ (2022 年 8 月閲覧)
[10] 日本経済新聞　2020 年 12 月 13 日記事「エアビー、しぶとさで飛躍」
[11] チップ・コンリー (2018)『モダンエルダー』.日経 BP

ンションを上げるホテル」。ホテルスタッフが「OMO レンジャー」に扮してまち歩きのガイドをするローカルガイドアクティビティや、ガイドブックには載っていない地域情報を集めた「Go-Kinjo Map」、宿泊者だけでなく地元の人々も気軽に利用できる OMO ベースなどが特徴です。旅人ははじめての土地であっても、地域をよく知るスタッフがまちなかを案内することによって、住人でなければ知りえないさまざまな魅力を知るきっかけとなります。たとえば、OMO5 沖縄那覇 の「裏国際通りさんぽ」ツアーでは、定番の国際通りから少し離れた迷路のように入り組んだ商店街、通称裏国際通りを巡りながら、商店街の店員さんと会話を楽しんだり、まちなかの小さなシーサーに関する豆知識などを聞いたりといった経験ができます。ゲストにとっては、地元の魅力も知るとともにスタッフとの距離が縮まり、また一緒にツアーに参加した他のゲストとの交流も生まれ、忘れられない旅の思い出になります。ホテルは顧客満足を上げるとともに、地元の商店街や飲食店と良好な関係を築くことにもつながり、地域コミュニティの理解も得られやすくなるでしょう。

今後の宿泊産業においては、人と人とのつながりや地域とのつながりを促進する仕掛けづくりを行い、コミュニティのハブとなって、ゲストに唯一無二の体験を提供していくことが、強力な差別化要素になっていくと考えられます。

◆参考文献

B・J・パインⅡ, J・H・ギルモア, ㈹岡本慶一, 小高尚子 （2005） 『[新訳]経験経済』. ダイヤモンド社

週刊東洋経済 （2013） e ビジネス新書 No.38「ドル箱 コーヒー市場争奪戦」

チップ・コンリー, ㈹関美和, 大熊希美 （2018） 『モダンエルダー』.日経BP

David L. Jones, Jonathon Day & Donna Quadri-Felitti (2013) Emerging Definitions of Boutique and Lifestyle Hotels: A Delphi Study, Journal of Travel & Tourism Marketing, 30:7, 715-731

Gilmore, J. H., & Pine, B. J. (2002) Differentiating hospitality operations via experiences: Why selling services is not enough. Cornell Hotel and Restaurant Administration Quarterly, 43(3), 87-96.

Chapter 2

観光とホテル産業

Tourism and Hotel industry

本章の目的

- 観光業、宿泊産業の重要性を考える。
- 観光白書を読み、統計資料から必要な情報を得る方法を学ぶ。
- 日本経済におけるホテル産業の位置づけと課題を考える。

1. 観光立国

　「観光立国」とは、その字が示すとおり、特色ある自然環境や都市景観、文化施設などを整備することによって国内外の観光客を誘致して、消費を喚起し、国の経済を支える基盤の一つにすることです。

　日本政府は観光を成長戦略の柱と位置づけ、訪日外国人客の受入れを促進するためにさまざまな施策を実行してきました。観光を産業としてとらえるとき、どのような特徴と経済効果があるのでしょうか。

　明治11（1878）年、箱根宮ノ下にあるクラシックホテル、富士屋ホテルの創業者である山口仙之助は、その事業目的を次のように語りました。

　「富士屋ホテルは外国人の金を取るをもって目的とす。日本人の金を取るはあたかも子が親の金を貰うに等しい。自分は純粋なる外国の金貨を輸入するにあり。日本人の客は来てもらわずともよい。」 [12]

　ずいぶん過激な発言にも聞こえますが、観光産業は外国人に利用してもらうことによって外貨を稼ぐ、つまり輸出産業に他ならない、という発想は理解できます。とはいえ、もちろんその後、富士屋ホテルも日本人客を受け入れるようになりましたが。

　また、パナソニック株式会社（旧 松下電器産業）の創業者である松下幸之助は、観光につい

---

[12] 『富士屋ホテル八十年史』山口堅吉編（昭和33年）富士屋ホテル創業時（1878年）の事業目的

て以下のように論じています。[13]

　「観光は決して単なる見世物商売ではなく、それは、持てる者が持たざる者に与えるという崇高な博愛精神に基づくべきものだと信じています。（略）フジヤマだけが日本の景観ではありません。山、谷、川、海、これが皆、美景で、日本に来る外国人客は例外なくその美しさを讃えています。私も戦後四回にわたって欧米をまわりましたが、自然の美しさでは、日本の地位は世界の一、二位ではあっても、決して、三位とは下るまいと感じたほどです。（略）この不滅の資源は、日本人だけで独占してよい性質のものではありません。これはやはり、相互扶助の理念に立って、ひろく世界の人びとに開放されるべきものでしょう。（略）観光立国こそ、わが国の重要施策としてもっとも力を入れるべきものといえるでしょう。」

　このように松下は、観光の経済効果を認めながら、さらに日本の自然や文化などの観光資源を世界の人々に広く見てもらうことによって、国家間の相互理解が深まり、ひいては世界に平和をもたらす一助となると考えたのです。

　昭和38（1963）年に制定された観光基本法には、以下のような記述があります。

　「観光は、国際平和と国民生活の安定を象徴するものであつて、その発達は、恒久の平和と国際社会の相互理解の増進を念願し、健康で文化的な生活を享受しようとするわれらの理想とするところである。また、観光は、国際親善の増進のみならず、国際収支の改善、国民生活の緊張の緩和等国民経済の発展と国民生活の安定向上に寄与するものである。われらは、このような観光の使命が今後においても変わることなく、民主的で文化的な国家の建設と国際社会における名誉ある地位の保持にとつてきわめて重要な意義を持ち続けると確信する。」[14]

　平成15（2003）年1月、小泉純一郎首相（当時）は観光立国を目指して「観光立国懇談会」を主宰し、同年4月からビジット・ジャパン事業を開始して訪日外客誘致活動を本格化させました。その後、平成18（2006）年には観光立国推進基本法が成立、2年後の平成20（2008）年には観光庁が設置されました。

　今後、日本では少子高齢化が進行し、国内市場だけでは持続的な経済成長はむずかしくなることが予測されます。

　国立社会保障・人口問題研究所の予測[15]によれば、我が国の人口は2065年には8213万人（対2015年マイナス30.7%）となり、とくに生産年齢人口（15〜64歳）は4529万人（同マイナス41.4%）となる見通しです。一番の稼ぎ手である生産年齢人口が減少すれば、経済活動も縮小してゆくことが予想されます。このような環境下では、ビジネスが縮小することによっ

---

[13] 「文藝春秋」1954年5月号「觀光立國の辯 —石炭掘るよりホテル一つを—」
[14] 観光基本法（昭和三十八年六月二十日法律第百七号）前文
[15] 国立社会保障・人口問題研究所　平成29（2017）年4月10日発表　日本の将来推計人口（平成29年推計）

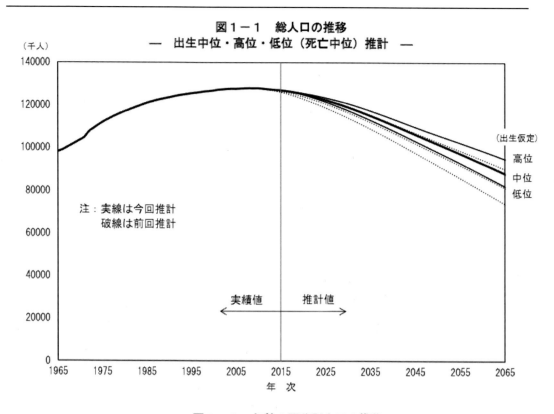

図1－1　総人口の推移
― 出生中位・高位・低位（死亡中位）推計 ―

（千人）

注：実線は今回推計
　　破線は前回推計

実績値　←→　推計値

（出生仮定）
高位
中位
低位

年　次

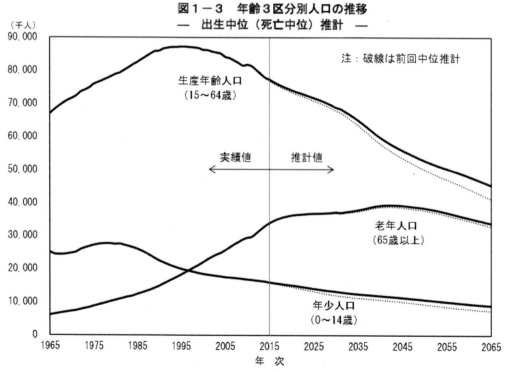

図1－3　年齢3区分別人口の推移
― 出生中位（死亡中位）推計 ―

（千人）

注：破線は前回中位推計

生産年齢人口
（15～64歳）

実績値　←→　推計値

老年人口
（65歳以上）

年少人口
（0～14歳）

年　次

出典：国立社会保障・人口問題研究所　「日本の将来推計人口（平成29年推計）」

14

て出張などの移動が減少し、また余暇を楽しむ人々も減少することが予想され、総体的に国内旅行市場は縮小してゆかざるを得ないと考えられます。

　一方、国連世界観光機関（UNWTO：World Tourism Organization）は、国際旅行者（International Tourist）は2010年9.4億人から、2030年には18億人にまでほぼ倍増すると予測しました。[16]　とくにその中でも北東アジア（North-East Asia）の旅行者数は、2010年111百万人から2030年には293百万人まで増加すると予測され、日本を訪れる外国人旅行者はさらに増加することが期待されていました。

国際旅行者の推移予想（単位：百万人）

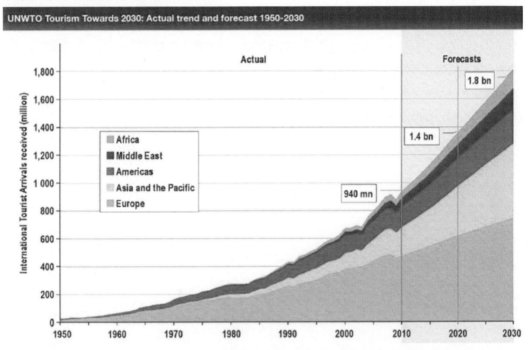

出典：UNWTO Tourism Highlights 2015 Edition 14ページ

　こうした状況を受け、2016年3月に策定された「明日の日本を支える観光ビジョン」では、2020年までに訪日外国人旅行者数を4000万人、2030年までに6000万人とするなどの目標が設定され、「観光立国」実現に向けた取り組みが進められていきました。

---

[16] UNWTO Tourism Highlights 2015 Edition 14ページ

「明日の日本を支える観光ビジョン」の目標値（2016年）

	2020年	2030年
訪日外国人旅行者数	4000万人	6000万人
訪日外国人旅行消費額	8兆円	15兆円
地方部での外国人延べ宿泊者数外国人	7000万人泊	1億3000万人泊
外国人リピーター数	2400万人	3600万人
日本人国内旅行消費額	21兆円	22兆円

出典：https://www.kantei.go.jp/jp/singi/kanko_vision/pdf/gaiyou.pdf

◆新型コロナウイルスの発生

　2020年1月、世界保健機関（WHO）は、中国湖北省武漢市で検出された新型コロナウイルス感染症（COVID-19）について、「国際的に懸念される公衆衛生上の緊急事態」であることを公表し、3月には「パンデミック（世界的な大流行）」に至っていると宣言しました。

　この事態を受けて、各国は海外からの入国を制限・規制する動きがすすみ、国際旅行客数は激減し、世界の観光業は大きなダメージを受けることになりました。

2. 観光産業の現状

　ここでは観光産業の推移と現状について、国土交通省観光庁 令和4年版 観光白書（以下、観光白書と表記）を中心に見ていきましょう。

　まず、観光需要を考えるには、経済の状況が大きく影響を与えますので、世界の実質経済成長率を把握することは重要です。

主要国・地域の実質経済成長率の推移（単位：%）

	2009	2010	2011	2012	2013	2014	2015	2016	2017	2018	2019	2020	2021
世界全体	-0.1	5.4	4.3	3.6	3.4	3.5	3.4	3.3	3.7	3.6	2.9	-3.1	6.1
日本	-5.7	4.1	0.0	1.4	2.0	0.3	1.6	0.8	1.7	0.6	-0.2	-4.5	1.6
米国	-2.6	2.7	1.6	2.3	1.8	2.3	2.7	1.7	2.3	2.9	2.3	-3.4	5.7
EU（欧州連合）	-4.2	2.1	1.9	-0.7	0.0	1.7	2.5	2.1	3.0	2.2	2.0	-5.9	5.4
中国	9.4	10.6	9.6	7.8	7.8	7.4	7.0	6.9	6.9	6.8	6.0	2.2	8.1
ASEAN（5カ国）	2.5	6.9	4.8	6.2	5.0	4.7	5.0	5.1	5.5	5.4	4.9	-3.4	3.4
中南米カリブ海諸国	-2.0	6.1	4.6	2.9	2.9	1.3	0.4	-0.6	1.4	1.2	0.1	-7.0	6.8
中東・中央アジア	1.2	4.9	4.6	5.5	2.8	3.3	2.8	4.1	2.4	2.7	2.2	-2.9	5.7
サハラ以南アフリカ	3.7	6.9	5.0	4.8	4.9	5.0	3.2	1.5	3.0	3.3	3.1	-1.7	4.5

（観光白書1ページ　図表Ⅰ-1をもとに作成）

　2009 年はリーマンショックの影響により、日本、米国、欧州等の経済に大きな打撃を受けました。その後各国経済は持ち直したものの、日本では 2011 年に東日本大震災が発生し、また経済的損失を受けましたが、その後は緩やかな回復基調にあります。そして 2020 年、新型コロナウイルス感染症によるパンデミック発生により、世界経済は大きな打撃を受けました。一方、中国は近年成長率に若干の陰りが見え始めていましたが、コロナ禍にあっても成長率がマイナスに転じることはありませんでした。2021 年になって、各国経済は持ち直しの動きを見せましたが、日本については緊急事態宣言やまん延防止措置法等による経済活動の制限もあり、成長率は 1.6％にとどまりました。

　国際観光客数と世界の実質 GDP の推移（観光白書 6 ページ　図表Ⅰ-6）をみると、世界の実質 GDP と国際観光客数とは基本的に比例して右肩上がりのトレンドでしたが、パンデミックの発生に伴って各国が水際対策を強化して国境を閉ざした影響から、国際観光客数は激減したことが分かります。2021 年に実質 GDP は再び上向きますが、国際観光客数は微増にとどまりました。

国際観光客数と世界の実質 GDP の推移（左軸：億人、右軸：実質 GDP の指数）

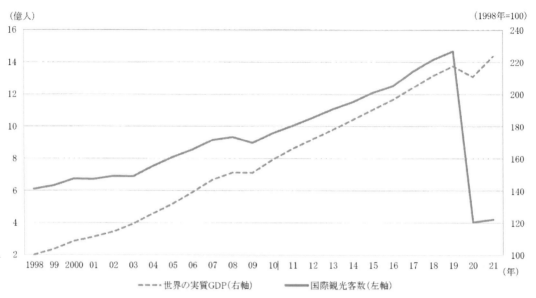

（億人）　　　　　　　　　　　　　　　　　　　　　　　　　　　　　　　　　　　　　（1998年=100）

資料：UNWTO（国連世界観光機関）、IMF（国際通貨基金）資料に基づき観光庁作成
注1：世界の実質 GDP は、1998 年（平成 10 年）を 100 として指数化。

（観光白書6ページ　図表Ⅰ-6）

次に地域別の国際観光客数を見てみましょう。

地域別国際観光客数（2021 年）

	国際観光客数 （単位：百万人）	前年差 （単位：百万人）	前年比
世界全体	421	18	4.6%
欧州	281.3	44.0	18.6%
アジア太平洋	20.9	-38.4	-64.7%
米州	82.4	12.4	17.7%
アフリカ	18.5	2.3	13.9%
中東	18.2	-1.7	-8.3%

資料：UNWTO（国連世界観光機関）資料に基づき観光庁作成

（観光白書6ページ　図表Ⅰ-7）

上の表に見られるように、2021 年に入って欧州や米州では前年（2020 年）と比較して約2 割多くの観光客を受け入れています。一方アジア太平洋地域は前年より約 4 割減となってお

り、中国のゼロコロナ対策や日本の厳格な水際対策などの対応が大きく影響したと考えられます。

◆訪日外国人旅行（インバウンド）の動向

パンデミック発生以前の 2019 年まで、日本を訪れる外国人旅行者（インバウンド）数は、とんとん拍子に増えてきました。その要因として、我が国では近年、観光を成長戦略の柱と位置づけ、諸外国のビザ要件緩和や、外国人旅行者向け消費税免税制度の拡充、CIQ 体制（税関、出入国管理、検疫）の充実等の施策を行ってきたことなどがあげられます。

訪日外国人旅行者数の推移

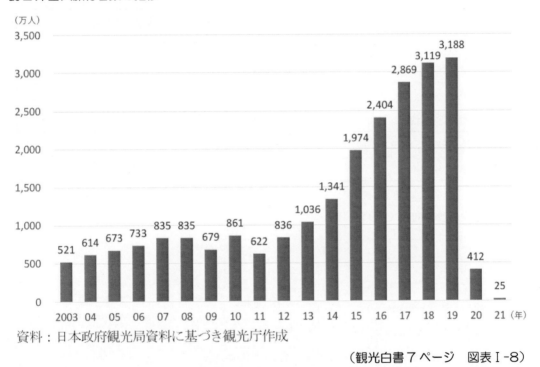

資料：日本政府観光局資料に基づき観光庁作成

（観光白書 7 ページ　図表 I -8）

主なビザ要件緩和 （観光庁資料（https://www.mofa.go.jp/mofaj/files/000110948.pdf）をもとに作成）

年	国名	緩和措置
2013	タイ	IC 旅券ビザ免除（15 日）
	マレーシア	ビザ免除（90 日）
	ベトナム、フィリピン、カンボジア、ラオス	数次ビザ（15 日）
	インドネシア	数次ビザの滞在期間延長（30 日）

	アラブ首長国連邦	数次ビザ（90日）
2014	ミャンマー、インド	数次ビザ（15日）
	フィリピン、ベトナム	数次ビザの滞在期間延長（30日）
2015	中国	商用目的、文化人に対する数次ビザ（90日）等
	ブラジル	数次ビザ（30日）
	モンゴル	数次ビザ（15日）
2016	インド	数次ビザ発給要件の大幅緩和（30日）
	ベトナム、インド	数次ビザ発給要件の大幅緩和（90日）
	カタール	数次ビザ（90日）
	中国	商用目的，文化人・知識人数次ビザの緩和（90日）
2017	ロシア	数字ビザ（30日）、身元保証書等の省略　等
	中国	十分な経済力を有する者向け数次ビザの導入　等
	カザフスタン、キルギス	商用目的，文化人・知識人数次ビザの緩和（90日）
2018	インド	数次ビザの申請書類の簡素化　等
	フィリピン　他	商用目的，文化人・知識人数次ビザの緩和（90日）
2019	香港，マカオ、コロンビア、カタール	数次ビザ（90日）
	インド、中国	数次ビザの発給対象者の拡大（90日）

訪日外国人旅行者の内訳（2019 年）

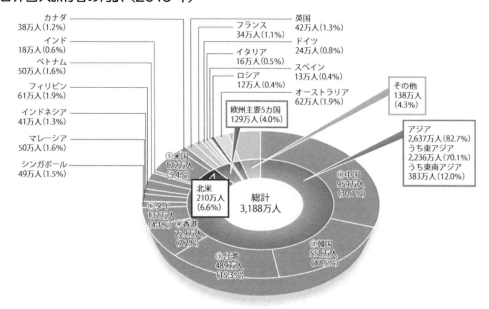

資料：日本政府観光局資料に基づき観光庁作成

（令和２年版　観光白書 11 ページ　図表Ⅰ-11）

また、2019年の訪日外国人旅行者の国籍別内訳から分かるように、全体の8割以上がアジア諸国からの来訪であり、とくに中国、韓国、台湾、香港が合わせて7割以上を占めていました。言うまでもなく、これらの国々は近年著しい経済成長を遂げてきた国々です。

◆日本国内の旅行市場の推移

　一方、日本人による宿泊と日帰りを含む国内旅行消費額は2019年には21.9兆円でしたが、2020年は9.9兆円、2021年は9.1兆円まで激減しました。ここ10年の国内の旅行消費額の推移を俯瞰すると、毎年20〜21兆円前後あった日本人国内旅行市場はパンデミックの発生によって半減し、着実に成長してきていたインバウンド旅行市場はほぼ消滅してしまった形です。

（観光白書14ページ図表Ⅰ-23をもとに作成）

◆観光関連産業に対する政府の支援策

　このように旅行消費額が激減したことにより、経済的に大きなダメージを受けた宿泊施設、旅行会社、飲食店、土産物店などの観光関連産業に対して、政府はさまざまな支援策を講じました。

・「Go To トラベル事業」：旅行・宿泊商品の割引と、旅行先の土産物店、飲食店、観光施設、交通機関などで使用できる地域共通クーポンの発行により、感染拡大により失われた観光客の流れを地域に取り戻し、観光地全体の消費を促すことで、地域における経済の好循環を創出しようとする事業。2020年7月より開始された（東京発着は10月から）ものの、政府の分科会に

よる見直し要請を受けて、11月頃から感染者数が増加した地域で一時停止となり、12月14日に全国一斉に一時停止が発表されました。マスコミなどでも賛否両論の報道がありましたが、Go To トラベル事業によって、少なくとも8781万人泊が利用され、4082億円の宿泊・旅行代金割引と、1317億円の地域共通クーポン利用がありました[17]。

・地域観光事業支援（県民割）：Go To トラベル事業が再開するまでの代替として、新型コロナウイルスの感染状況が落ち着いている都道府県を対象に、「県民割（ブロック割）」などの観光支援策を財政的に支援をする地域観光事業支援が2021年4月1日から開始されました。条件としては、居住地と同一都道府県内の旅行と同意した隣接する都道府県、同一地域ブロック内の都道府県からの旅行に関して、ワクチン接種証明または PCR 等の検査の陰性証明書を提示した利用客に対して、1人1泊につき5,000円を上限に最大半額、旅行期間中に土産店や飲食店などで使える地域クーポンを最大2,000円分支援するもの。

その他の支援策

・雇用調整助成金：新型コロナウイルス感染症の影響により、事業活動の縮小を余儀なくされた場合に、従業員の雇用維持を図るために、労使間の協定に基づき、雇用調整（休業）を実施する事業主に対して、休業手当などの一部を助成するもの。

・実質無利子・無担保融資：政府系金融機関の無担保融資による資金繰り支援策として、「新型コロナウイルス感染症特別貸付」、「新型コロナウイルス対策マル経融資」、「危機対応融資」など、最長3年間分の利子相当額を一括で助成され、実質無利子となるもの。

・地方創生臨時交付金：新型コロナウイルス感染症により経済活動に影響を受ける事業者への支援、感染症防止強化策・見回り支援のために地方公共団体が使用できるもの。

3. 観光産業の今後

　ここまで見てきたように、世界の観光産業はパンデミックによって大きなダメージを受けました。観光産業は今後どのようになると予測できるでしょうか。

◆国際旅行者

　世界の航空会社で構成される業界団体である IATA（The International Air Transport Association. 国際航空運送協会）は、2022年3月、今後の航空旅客数のフォーキャストを発表しました。

---

[17] 令和3年版　観光白書　53ページ

地域別航空旅客数のフォーキャスト（対2019年比 %）

PASSENGER NUMBERS - SHARE OF 2019	2021	2022	2023	2024	2025
Industry-wide	47%	83%	94%	103%	111%
International	27%	69%	82%	92%	101%
Domestic	61%	93%	103%	111%	118%
Asia Pacific	40%	68%	84%	97%	109%
Europe	40%	86%	96%	105%	111%
North America	56%	94%	102%	107%	112%
Africa	46%	76%	85%	93%	101%
Middle East	42%	81%	90%	98%	105%
South America	51%	88%	97%	103%	108%
Central America	72%	96%	102%	109%	115%
Caribbean	44%	72%	82%	92%	101%

Source:IATA/Tourism Economics Air Passenger Forecast, March 2022

（出所：https://www.iata.org/en/pressroom/2022-releases/2022-03-01-01/）

　この資料によれば、航空産業全体（Industry-wide）の旅客数は、2019年の水準に対して、2021年は47%まで減少しましたが、2022年83%、2023年94%と回復していき、2024年には2019年を上回る103%になると予測しています。

　ただし国際線と国内線では差異があり、国内線は2023年には103%になりますが、国際線に関しては2025年まで回復しません。また、地域による差異もあり、2019年水準までの回復は北米地域では2023年ですが、EUは2024年、アジア・パシフィックは2025年までかかる見通しです。これは中国におけるゼロコロナ政策や、日本の厳格な水際対策が影響していると考えられます。

　いずれにしても国際旅行者の動向は、各国の入国管理政策に左右されます。各国の情勢や政治的状況はまちまちであるため、旅行者数の回復時期にはタイムラグがあると考えられます。

◆訪日旅行

　訪日旅行者（インバウンド）に関しては、明るい兆しもあります。

　日本政策投資銀行（DBJ）・公益財団法人日本交通公社（JTBF）が実施した「アジア・欧米豪 訪日外国人旅行者の意向調査」アンケート（2020年6月、2020年12月、2021年10月の3回実施）によると、今後海外旅行先としていきたい国・地域は、アジア居住者、欧米豪居住者ともに日本が第1位に選ばれました。

次に海外旅行したい国・地域（上位10か国・地域）（観光白書　72ページ　図表Ⅱ－59）

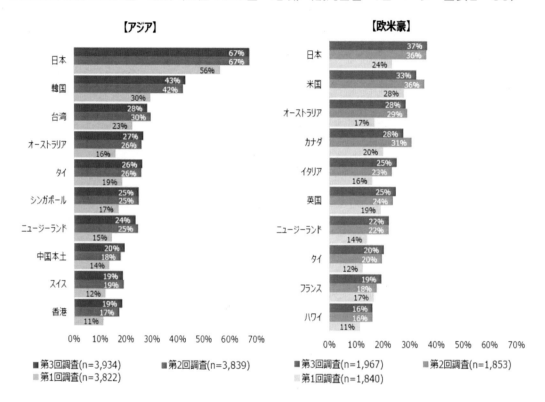

　また、世界経済フォーラム（World Economic Forum：WEF）が発表した2021年旅行・観光競争力ランキングで、日本は初めて首位になりました。ホテルなどの観光客向けインフラや観光資源の豊富さが他国より競争力があると評価されたものです。

　本書執筆時点（2022年8月）では、日本への入国制限は完全に解除されていませんが、外国人旅行者が自由に来日できるようになれば、インバウンド市場はふたたび活況を取り戻すことが予想されます。

◆国内旅行

　レジャー旅行については、新型コロナウイルス感染症の影響によって縮小しましたが、そのなかでも都市部や有名観光地は敬遠され、一方で山岳や高原などの自然景観や温泉などが選ばれる傾向がみられました。

　このような旅行先選定の傾向は、パンデミックが収束するまでは影響が残ると考えられます。

2021 年における目的別 国内旅行者数 増減率（2019 年比）

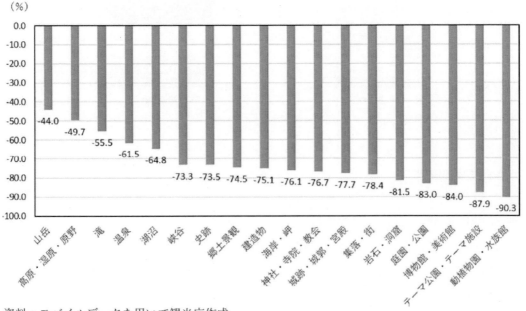

資料：モバイルデータを用いて観光庁作成

（観光白書　55 ページ　図表Ⅱ－32）

　一方、国内出張旅行については、コロナ禍の中でリモート会議アプリなどの利用が広がりましたが、その利便性と働き方に対する人々の意識の変化も相まって、パンデミック収束後も出張旅行市場は完全には回復しないと考えられます。

　株式会社三菱総合研究所が 2021 年 12 月に東京都、神奈川県、千葉県、埼玉県、大阪府、京都府、兵庫県、奈良県にオフィスを持つ単体売上高 100 億円以上の企業を対象に実施した「ポストコロナにおける働き方・オフィスに関するアンケート調査」によると、新型コロナウイルス感染終息後は、日帰り、宿泊を合わせた出張回数がコロナ前と比較して 4 割以上減少するという結果となりました。

新型コロナウイルス感染終息後の出張回数の見通し（観光白書　57 ページ　図表Ⅱ－37）

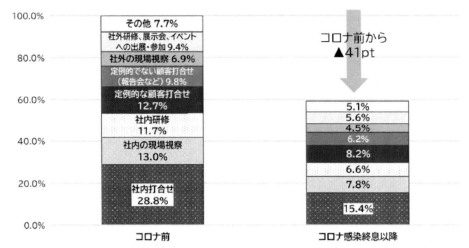

（新型コロナウイルス感染拡大前の水準＝100%）

資料：株式会社三菱総合研究所「ポストコロナにおける働き方・オフィスに関するアンケート調査」（2021 年（令和 3 年）12 月実施）

4. 宿泊産業の現状

　観光白書によると、全国の延べ宿泊者数は 2019 年には外国人が初めて 1 億人泊を越え、また日本人も 4.8 億人泊となり、合計 5.9 億人泊を記録しました。しかしパンデミックの発生により、2020 年は 3.3 億人泊（うち外国人は 2 千万人泊）、2021 年は 3.1 億人泊（うち外国人は 420 万人泊）へ激減しました。

日本人・外国人の延べ宿泊者数の推移（観光白書　14 ページ　図表Ⅰ－24）

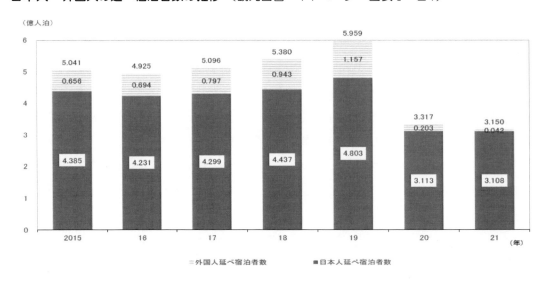

宿泊施設タイプ別の客室稼働率の推移を見ると、2019年までシティホテルは平均して80%前後、ビジネスホテルは75%前後、リゾートホテルは58%前後、旅館は38%前後でしたが、2020年以後、いずれの宿泊施設タイプにおいても稼働率は大きく下落しました。なかでもシティホテルの稼働率は、2019年79.5%から2020年34.1%へ、マイナス45.4ポイントとなり、最大の下落幅を記録しました。裏返して言うと、シティホテルはこれまでインバウンド客をもっとも受け入れていただけに、パンデミックによるインバウンド蒸発の影響を大きく受けることになりました。

宿泊施設タイプ別の客室稼働率の推移（観光白書15ページ　図表Ⅰ-26）

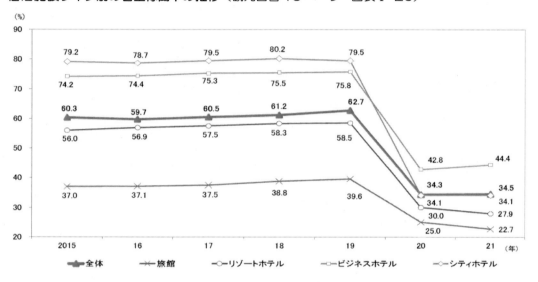

　宿泊施設タイプ別延べ宿泊者数を2019年と比較すると、すべての宿泊施設の合計（全体）では2020年はマイナス44.3%となりましたが、そのうち日本人客の減少は28.4%、外国人客の減少は16.0%でしたが、シティホテルは合計でマイナス56.6%、うち日本人客がマイナス24.3%、外国人客がマイナス32.4%と大きく減少しました。一方旅館では合計でマイナス41.5%、うち日本人客がマイナス34.1%、外国人客がマイナス7.3%と、圧倒的に日本人客の減少が目立ちます。つまりそもそも旅館は多くのインバウンド客に利用されていなかったために、インバウンド消滅の影響という面では軽微でした。言い換えれば、2019年まで日本を訪れるインバウンド客が急増する中にあっても、旅館を利用する外国人客は少なく、他の宿泊施設タイプと比べて稼働率が低調に推移してきたのです。パンデミック収束後にインバウンド客がふたたび増加に転じたとき、どれだけ多くの外国人を取り込むことができるかが、今後の旅館経営の課題になると考えられます。

宿泊施設タイプ別延べ宿泊者数（日本人・外国人別寄与度）

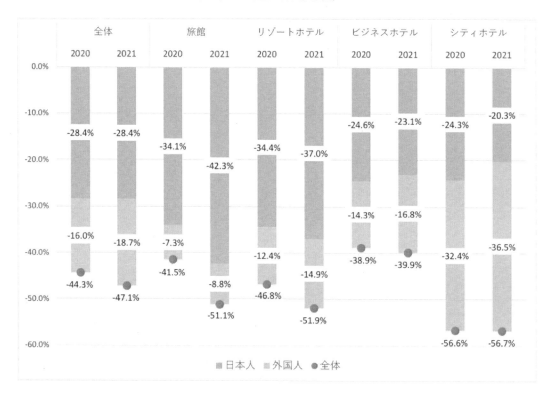

（観光白書15ページ　図表Ⅰ-27）

5. パンデミックに対する宿泊産業の対応

　国内のホテル各社は、新型コロナウイルスの感染拡大が進行する中で対応に追われました。業界が一丸となって、利用者の衛生面に対する意識の変化に対応した運営ガイドラインを策定したり、各企業でもより安全・安心を確保する衛生管理を実践しました。一方で、チェーンホテルなどではウイルス感染者や医療従事者を受け入れる動きも広がって、改めて社会的・公共的インフラとしての存在感を示しました。また、運転資金を確保するために消費者ニーズの変化を捉えた新商品を開発し、従業員の雇用を継続するため他社へ出向させるなどの努力も行われました。

1. 安全・安心への取り組み

　世界最大のホテルチェーンであるマリオット・インターナショナルは、2020 年 4 月、グローバル・クリーンリネス・カウンシル（Marriott Cleanliness Council）を設立し、ホテルスタッフとゲストに関係する衛生基準を全面的に見直すことを発表しました。全世界のホテルで、静電噴霧器による施設内の殺菌や、客室のキーや従業員の共有機器を消毒する紫外線技術、フロントデスクへの仕切り板設置、手指消毒剤の設置等が実施されました。また、スマートフォンを使ってチェックイン、客室ドアの開錠、各種リクエストを可能にする「タッチレス」サービスも導入されました。

　同様の衛生管理基準の強化は、ヒルトン（Hilton）の病院や消毒剤企業と協力した「クリーンステイ」プログラムや、ハイアット（Hyatt）のグローバル・バイオリスク・アドバイザリー協議会のSTARプログラムの導入などが相次いで発表されました。

　国内のホテルチェーンでも、プリンスホテルは「Prince Safety Commitment」を策定して、従業員の検温や衛生管理教育の強化、フロント等での飛沫防止スクリーンの設置、利用客の検温とセルフチェックシートへの記入、レストランや客室内の消毒、清掃・消毒後の客室ドアにSafetyシールを貼るなどの対策を講じました。

　また、中小の宿泊施設など、自社だけでは専門的な知見に基づく対策を講じることができない企業のために、一般社団法人日本ホテル協会による「ホテル業における新型コロナウイルス感染症感染拡大予防ガイドライン」、一般社団法人日本旅館協会・全国旅館ホテル生活衛生同業組合連合会・一般社団法人全日本シティホテル連盟による「宿泊施設における新型コロナウイルス対応ガイドライン」などが公表されました。

2. 軽症者・無症状者の受入れと医療従事者の支援

　新型コロナウイルスに罹患した患者のうち、入院治療の必要がない軽症者や無症状者に対

して、各自治体が宿泊施設を借り上げて宿泊療養を行う体制が整備されました。東京都では、the b 池袋、デイナイスホテル東京、東横 INN 新宿歌舞伎町、東横 INN 東京駅新大橋前、品川プリンスホテルイーストタワー、アパホテル浅草田原町駅前、東京虎ノ門東急 REI、東横 INN 府中南武線南多摩駅前等の施設が提供され、ホテルスタッフに加えて都職員、医師、看護師が常駐して運営にあたりました。

　また医療従事者を支援するため、ホテルザフラッグ株式会社がクラウドファンディングを立ち上げ、その資金で医療従事者にホテル客室を無償提供するプロジェクトが実施されました。このプロジェクトは 2020 年 6 月までに 1100 万円以上の寄付を集め、5 月 13 日から 6 月 12 日までの間に東京・大阪の 4 軒のホテルで合計 1,724 泊を提供されました。

3. 新商品開発
①テレワーク・ワーケーション

　緊急事態宣言が発出されてから、政府は感染拡大を抑止するため、人との接触を 7 割から 8 割削減することを呼びかけ、厚生労働省は「働き方改革推進支援助成金」制度を開始し、企業に対してテレワークを積極的に実施することを推奨しました。しかし個人が必ずしも自宅でテレワークを行える環境を持たない場合もあるため、ホテル各社は客室を使用したテレワークプランを次々に発売し、各自治体もこうした動きを支援しました。東京都では（一社）全日本シティホテル連盟と連携してテレワークができる宿泊施設を紹介するウェブサイト「HOTEL WORK TOKYO」を開設し、自宅でテレワークを行うことが難しい個人に対して情報提供が行われました。

　さらに政府はテレワークを一歩すすめて、観光地やリゾート地など休暇先で働く「ワーケーション」についても推奨しました。リゾート地のホテル各社でもワーケーションプランが次々に発売されました。沖縄県の「星のや竹富島」では「竹富島で暮らすように 1 カ月滞在する　南風（ぱいかじ）ワーケーション滞在」として、長期滞在してテレワークをしながらリゾートライフを楽しめるプランや、東急ホテルズの 3 ホテルでは「三密回避、伊豆のリゾートでワーケーション特集」などが発売されました。

②テイクアウト、ドライブスルー、オンラインショップ

　感染拡大に伴って飲食店で外食することが避けられるようになると、ホテルのレストランにおいても利用者数は激減したため、テイクアウト商品の販売が活発化しました。ウェスティンホテル東京では、エントランス前に停車したフードトラック（The Westin Food Truck）でランチボックスを販売した。またホテルニューオータニ博多では、注文を受けてテイクアウトメニューをホテル前で自動車に乗ったまま受け取れるドライブスルーサービスを開始しました。

ホテルのオリジナル商品をオンラインショップで販売する企業も増加しました。札幌市の
センチュリーロイヤルホテルでは、地元のワイシャツメーカーと協力して形状安定マスクを
オンライン販売し、好評を博しました。

③オンライン宿泊

　和歌山県のホステルWhyKumano Hostel & Cafe Barでは、3月以後利用客が激減し
たため、オンライン宿泊を販売しました。利用客はZoomを使用してアクセスし、宿のス
タッフがカメラを使用してバーチャルにチェックイン、館内施設の紹介を行った後、宿泊客
全員が「リモート飲み会」で交流を深め、翌朝にはチェックアウトと近隣観光地の紹介動画
が配信され、仮想宿泊体験が終了するというプログラムで、好評を博しました。

　また京都市のHOTEL SHE, KYOTOでは、2020年5月に『泊まれる演劇 In Your
Room』を発売し、利用者はオンラインでバーチャルにホテルにチェックインして、その施
設を舞台に行われる演劇を監視カメラを通して鑑賞し、ときには演者と会話するなどのプロ
グラムが販売されました。オンライン宿泊にエンターテインメント性を加えた野心的な取り
組みと言えるでしょう。

④未来に泊まれる宿泊券

　株式会社L&Gグローバルビジネスが運営するホテル予約ウェブサイト「CHILLNN」で
は、2020年4月から「未来に泊まれる宿泊券」の販売を開始しました。「いつか旅に出
る日のために、未来の予約をする」ことにより、宿泊客が激減したホテルの売上を前売りに
よって応援する取り組みで、このプログラムには開始1ヶ月で200以上の施設が加盟しま
した。

⑤地域食材の活用

　全国の小中学校の休校措置が段階的に解除された2020年6月までの間、学校給食が提
供されなかった影響によって、牛乳や乳製品の消費量が激減しました。4月から6月まで
は生乳生産のピーク期にあたることもあり、乳業メーカーでは行き場を失った生乳を廃棄せ
ざるを得ない状況となりました。こうした中、星野リゾートリゾナーレ那須では地元の牧場
のジャージー牛の生乳を使用して、ミルクジャムを製品化する取り組みを行い、このミルク
ジャムを使用した「牧場を救うミルクジャムフラッペ」も同ホテルで販売されました。

◆参考文献

環境分析に有用な情報源
・観光市場分析
　　　　国土交通省　観光白書
　　　　独立行政法人 国際観光振興機構（JNTO）
　　　　UNWTO　国連世界観光機関　Tourism Highlights
・人口動態
　　　　国立社会保障・人口問題研究所 日本の推計人口
・旅館業施設軒数
　　　　厚生労働省　衛生行政報告例
・旅館業関連法規
　　　　旅館業法、国際観光ホテル整備法

Chapter 3

ホテルの経営形態の特性と分類方法

Hotel Management Structure and Classification

本章の目的

- ホテルの経営形態を理解する。
- ホテルの機能別・価格帯別分類を理解する。
- 日本における旅館業の分類を理解する。

---

1. ホテルの経営形態

　ホテルの経営形態には、直営方式、リース方式、マネジメントコントラクト方式、フランチャイズ契約方式、アフェリエイト方式があります。

1-1. 直営方式（オーナー方式）

　ホテル経営に必要な土地、建物、什器、備品等（これらを固定資産と呼びます。）を所有するオーナーが、従業員を雇用して自らホテルを運営する方式です。

　たとえば帝国ホテルは、㈱帝国ホテルが土地・建物などの固定資産を所有し（一部の土地は国有地を賃借）、会社役員が帝国ホテル東京の総支配人として従業員を雇用し、日々オペレーションを行っています。

　直営方式でホテルを運営するためには、オーナーがオペレーションのノウハウを持っている必要があります。帝国ホテルは創業以来130年もの歴史を誇り、日本の迎賓館として長年オペレーションを実行してきた実績があります。

　直営方式のメリットとしては、オーナーが望むとおりに運営ができ、利益もすべてオーナーに帰属することがあげられます。逆に損失が出た場合にはすべての責任をオーナーが負わなければならないというデメリットもあります。また施設を維持するため、定期的に更新投資費用がかかります。

1-2. リース方式（賃借方式）

オペレーター（ホテル運営者）がオーナーから土地・建物等を賃借して運営する方式です。

たとえばマンダリンオリエンタル東京は、三井不動産が所有する日本橋三井ビルの一部をマンダリン・オリエンタル・ホテル・グループが賃借して運営しています。両社の間では、30年間の長期賃貸借契約が締結されており、固定賃料と売上に応じた歩合賃料が支払われています。[18]

通常、ホテルのリース契約は20〜30年と長期にわたることが多く、オーナーは建物等の建設に莫大な初期投資が必要であるものの、長期的に安定した賃料収入が見込めます。たとえホテルの業績が悪化しても、固定賃料は定期的に支払われ、さらに業績がよければ（契約によって）歩合賃料も受け取れるというメリットがあります。一方、オペレーターは利益が賃料を下回ると損失を被るリスクがありますが、初期投資は少なく、自社のブランドで独自の運営を行うことができるメリットがあります。

1-3. マネジメントコントラクト方式（MC方式）

オーナーがオペレーターにホテル運営を委託する契約方式です。日本語では管理運営受委託契約、英語ではManagement Contract（略してMC）と言います。

たとえばコンラッド東京は、オーナーである森トラストが、ヒルトンに運営を委託しています。委託されたヒルトンは、総支配人をはじめ、主要ポストのメンバーを派遣し、ヒルトンが定めるオペレーション・マニュアルに沿った運営を行います。また、定期的にオーディット（監査）が行われ、ヒルトンのオペレーションが正しく守られているかチェックを受けます。基本的に損益はオーナーに帰属しますが、オーナーは一定の委託料（マネジメント・フィー）をオペレーターに支払います。

MC方式では、オーナーはホテルの運営ノウハウがなくても、有名ホテルチェーンのブランド名や予約網を使用し、優れた運営ノウハウをもったマネージャーたちに運営してもらえるというメリットがありますが、損益はオーナーに帰属するため、損失が出た場合にはオーナーが責任を負うリスクがあります。一方、オペレーターはほとんど費用負担なしに自社独自のブランドでホテルを運営でき、委託料収入を得られるメリットがあります。ただしオペレーターとしてMCを獲得するためには、相応の運営実績が求められます。

1-4. フランチャイズ契約方式（FC方式）

オーナーが自ら経営するホテルに、有名ホテルチェーンとフランチャイズ契約を締結して、ブランド名や予約網を使用し、その対価としてフランチャイズ・フィーを支払う方式です。MC方

---

[18] nikkei BP net "戦うサービス"の世紀 第5回 日本橋で超豪華ホテルが開業（2005年12月2日） http://www.nikkeibp.co.jp/style/biz/management/onservice/051202_hotel/

式との違いは、MCは総支配人などのメンバーが派遣され、オペレーションも厳格に守る必要がありますが、フランチャイズでは基本的にメンバーの派遣は行われず、運営もある程度オーナーの判断に任される点です。

たとえばヒルトン成田は、オーナーの㈱ホテルマネージメントジャパンの子会社である㈱ナリタコスゲ・オペレーションズが、ヒルトンとフランチャイズ契約を締結してブランド使用権と運営マニュアルの提供を受けています。

オーナーは、有名ホテルチェーンのブランド名や予約網を使用し、優れた運営ノウハウを知ることができるというメリットがありますが、損益はオーナーに帰属するため、損失が出た場合にはオーナーが責任を負うリスクがあります。一方、オペレーターはほとんど費用負担なしに自社のブランドのホテルを増やすことができ、フィー収入を得られるメリットがあります。ただしフランチャイズ契約を獲得するためには、相応の運営実績が求められます。

1-5. アフェリエイト方式

世界中の独立系ホテル（チェーンに属さないホテル）が、共通のブランドでチェーンを形成して、パンフレットやウェブサイトを発行し、予約網を構築したものです。組織に加盟するためにはチェーンが定める厳しいブランド基準を満たし、毎年一定のフィーを拠出する必要があります。また送客された予約に対してはコミッション（斡旋手数料）を支払います。海外旅行者にとって、外国の独立系ホテルの名前は知らなくても、そのチェーンに加盟していることによって安心して利用することができるのです。

たとえば、リーディングホテルズ（The Leading Hotels of the World, Ltd.）は1928年にヨーロッパで組織されましたが、日本では現在、帝国ホテル東京、ホテルオークラ東京、パレスホテル東京が加盟しています。

ホテルの経営形態の違いによるメリット・デメリット

	オーナー（所有）	オペレーター（運営）
直営方式	自らホテル運営ノウハウが必要 ○ 利益は全額オーナーに帰属 × 損失リスク	
リース方式	○ 賃貸契約により一定の収入 × （利益変動賃料の場合リスク）	○ 物件を持たずに経営可能 × 利益が賃料を下回るリスク

MC方式	○　運営ノウハウ、予約網不要 ×　損失リスク 　　マネジメント・フィー支払	運営実績、ブランドカが必要 ○　物件を持たずに経営可能 　　損失リスクなし
FC方式 業務提携	○　強力なブランドを選択できる ×　損失リスク 　　フランチャイズ・フィー支払	運営実績、ブランドカが必要 ○　物件を持たずに経営可能 　　損失リスクなし

2. ホテル業態の分類

2-1. サービスレベルによる分類

提供されるサービスのレベル（内容）による分類方法は以下の通りです。

① フルサービス型ホテル　Full-Service Lodging

　　宿泊施設に加え、レストラン、宴会場、ルームサービスなどの料飲施設を整えています。さらに、フィットネスやビジネスセンターなどを設置している場合もあります。提供するサービスの種類が多いため、サービススタッフの数も多く配置されます。

　　グレード：ラグジャリー、アップスケール、ミッドスケール（料飲施設あり）

② リミテッドサービス型ホテル　Limited-Service Lodging

　　宿泊施設と朝食は提供しますが、宴会場等の豪華な料飲施設は提供されません（宿泊特化型）。サービススタッフの数も極力抑えられており、価格もリーズナブルに設定されます。

　　グレード：バジェット、エコノミー、ミッドスケール（料飲施設なし）

③ 長期滞在型ホテル　Extended-stay Lodging

　　長期滞在を前提として、客室内にキッチン等が付帯しています。主に観光地の近くに建設されています。フィットネスやビジネスセンターを設置している場合もあります。

④ タイムシェア　Time-Share Lodging

　　ホテルの客室を毎年一定期間使用する権利を販売する仕組みです。スキー場やビーチなど、リゾート地に多く見られます。

2-2. 価格帯による分類

販売価格の高低による分類方法は以下の通りです。

① スーパーラグジャリーホテル　Super Luxury Hotel

② ラグジャリーホテル　Luxury Hotel

③ アップスケールホテル　Up-scale Hotel

④ ミッドプライスホテル　Mid-price Hotel

⑤ エコノミーホテル　Economy Hotel

⑥ バジェットホテル　Budget Hotel

2-3. 日本における分類

日本における分類方法は以下の通りです。大部分は和製英語です。

① シティホテル

　　主に大都市圏に立地するフルサービス型ホテルを指します。宿泊施設に加え、レストラン、宴会場など充分な料飲施設を持ち、婚礼・披露宴にも対応可能です。ショッピング・アーケードやヘルスクラブ等の施設を併設する場合もあります。

　　シティホテルのなかでも、とくに代表的な老舗のホテルは「御三家」と呼ばれています。

　　　御三家ホテル：帝国ホテル、ホテルオークラ、ホテルニューオータニ

② コミュニティホテル

　　主に地方都市に立地するフルサービス型ホテルを指します。宿泊施設に加え、レストラン、宴会場など充分な料飲施設を持ち、婚礼・披露宴にも対応可能です。

③ ビジネスホテル（エコノミーホテル）

　　ビジネス出張者向けの宿泊特化型ホテル（リミテッドサービス）です。基本的には朝食付きで出張旅費の範囲に収まる価格設定で販売されています。

④ リゾートホテル

　　ビーチや山岳地などのリゾート地に立地する多機能型ホテルです。宴会機能を有する場合もあります。リゾートホテルの中でもとくに歴史の古いホテルは、クラシックホテルと呼ばれています。

　　　クラシックホテルの例：日光金谷ホテル、富士屋ホテル、奈良ホテルなど

⑤ 外資系ホテル

　　海外のインターナショナルホテルチェーンが運営するホテルは外資系ホテルと呼ばれます。その中でも、1990 年代に進出した外資系ホテルは「新御三家」と呼ばれました。

　　　新御三家ホテル：パークハイアット東京、ウェスティンホテル東京、

　　　フォーシーズンズホテル椿山荘（現ホテル椿山荘東京）

2-4. その他の分類

その他にもさまざまな宿泊施設の分類があります。

- オール・インクルッシブ　All-Inclusive

    料金のなかに宿泊、飲食、アクティビティなどすべての費用が含まれるパッケージとして販売されるシステム。クラブメッドなど。

- ベッド＆ブレックファスト　Bed & Breakfast（B&B）

    小規模な宿泊施設で、住人または世話人（インキーパー）が宿泊と朝食の世話を行う。イギリスの郊外等に多く見られる。

- ブティックホテル　Boutique Hotel

    チェーンホテルとは一線を画して、小規模でスタイリッシュなデザインとレベルの高いパーソナルサービスを提供するホテル。エースホテルなど。

- カジノホテル　Gaming/Casino

    カジノを併設したホテル。

- モーテル　Motel

    幹線道路沿いにある、自動車旅行者のための簡素なホテル。motor＋hotel の造語。ホリデーインなど。

- ライフスタイルホテル　Lifestyle Hotel

    大手ホテルチェーンが展開する華美な装飾を排除したコンテンポラリーなデザインのホテル。パーソナルな経験を提供する。W ホテル、モクシーなど。

3. 日本における旅館業の分類

　ここまで「ホテル」や「旅館」という言葉を何度も使用してきましたが、そもそもその違いはなんでしょうか？

　旅館業法（昭和二十三年七月十二日法律第百三十八号）の中では、ホテル業と旅館業は区別されていましたが、平成30（2018）年に法改正がなされ、ホテルと旅館は「旅館・ホテル営業」に統合されました。

　改正される前の旅館業法には、旅館業について以下のように4つのタイプが定義されていました。

（旧）旅館業法（昭和二十三年七月十二日法律第百三十八号）

第二条　この法律で「旅館業」とは、ホテル営業、旅館営業、簡易宿所営業及び下宿営業をいう。

2　この法律で「ホテル営業」とは、洋式の構造及び設備を主とする施設を設け、宿泊料を受けて、人を宿泊させる営業で、簡易宿所営業及び下宿営業以外のものをいう。

3　この法律で「旅館営業」とは、和式の構造及び設備を主とする施設を設け、宿泊料を受けて、人を宿泊させる営業で、簡易宿所営業及び下宿営業以外のものをいう。

4　この法律で「簡易宿所営業」とは、宿泊する場所を多数人で共用する構造及び設備を主とする施設を設け、宿泊料を受けて、人を宿泊させる営業で、下宿営業以外のものをいう。

5　この法律で「下宿営業」とは、施設を設け、一月以上の期間を単位とする宿泊料を受けて、人を宿泊させる営業をいう。

6　この法律で「宿泊」とは、寝具を使用して前各項の施設を利用することをいう。

　そして旅館業法に付随する「旅館業法施行令」では、「ホテル」と「旅館」の違いについて、以下のように定められていました。

　①最低客室数（ホテル営業：10室、旅館営業：5室）

　②（ホテル）洋室の構造設備の要件（寝具は洋式であること、出入口・窓に鍵をかけることができること、客室と他の客室等との境が壁造りであること）

　③1客室の最低床面積（ホテル営業：洋式客室9㎡以上、旅館営業：和式客室7㎡以上）

　こうした「ホテル」と「旅館」の区別が、今回の法改正によって「旅館・ホテル営業」に一本化され、「施行令」に関しても①②が廃止され、③の床面積についても「7㎡以上（寝台を置く客室にあっては9㎡以上）」に改められました。さらに従来は玄関帳場（フロント）で対面によ

る宿泊客の本人確認が必要とされていましたが、遠隔操作による顔認証をすれば非対面でのチェックインも可能となるなど、時代の変化に即した改正がなされました。

　一方、国土交通省による外客宿泊施設として登録ホテル・旅館となるために適用される法律である「国際観光ホテル整備法施行規則（昭和二十四年十二月二十四日法律第二百七十九号）」では、旅館業法改正後も「ホテル」と「旅館」を以下のように区別しています。

国際観光ホテル整備法におけるホテルと旅館の差異

定義	ホテル	旅館
定義	外客の宿泊に適するように造られた施設であって洋式の構造及び設備を主とするもの。	外客の宿泊に適するように造られた施設であってホテル以外のもの。
基準客室	**ホテル**	**旅館**
基準客室数	最低15室以上あり、かつ客室総数の2分の1以上。	最低10室以上あり、かつ客室総数の3分の1以上。
構造	洋式の構造及び設備をもって造られていること。	日本間として調和の取れたものであること。
内装設備	机、テーブル、イス及び洋服を掛ける設備を備える。	床の間、洋服を掛ける設備及び踏込みがあり、隣室との間は間仕切りでなければならない。（床の間には床柱と床板が必要）
床面積	シングルルーム9㎡以上　その他13㎡以上	一人部屋7㎡以上　その他9.3㎡以上
建具	入口の建具は堅牢で防音に適したものであること。	規定なし。
給排水設備	浴室又はシャワー室及びトイレがあること。	洗面設備があること。
冷温水完備の洗面設備	全室対応。	最低4室（基準客室数15室を超える時は、越える旅館基準客室数の4分の1に4室を加えた数）以上。
ロビー	**ホテル**	**旅館**
構造	洋式の構造及び設備をもって造られている。	建築内部と調和がとれており、客の通常の利用に適したもの。
面積	収容人員に応じた必要面積あり。	規定なし。

その他	ホテル	旅館
敷地周囲	規定なし。	庭又はこれに類する造作物が敷地内にあること。
共同用の家族風呂	規定なし。	共同用の浴室又はシャワー室（利用者が一定の時間を限り利用できるもので入口は内外から施錠できるもの。大浴場は含まれない。）ただし、全ての基準客室に浴室又はシャワー室がある場合は不要。
冷暖房設備	ロビー等、フロント、基準客室、食堂、客の使用する廊下に必要。（冷涼もしくは温暖な地域にあるホテルでその必要がないと認められるものについては不要。）	基準客室に必要。（冷涼もしくは温暖な地域にある施設でその必要がないと認められるものについては不要。）

◆民泊の広がり

　民泊は、使用されていない部屋や別荘など、遊休資産を活用して収入を得られるため、それらの不動産オーナーにとってはメリットがあります。さらにこのシステムをビジネスの機会と捉えて、アパート資産の部屋を次々に販売するなど、不動産業界も参入しています。また、客室清掃やメンテナンス、警備会社によるセキュリティサービスなど、周辺ビジネス市場も活況を呈しています。

　一方、民泊施設の周辺住民からは騒音やゴミ問題などの苦情が寄せられ、住宅地で宿泊業を営む難しさが表面化しています。また、犯罪行為やテロの拠点として使用されるといった懸念も皆無とは言えない部分があり、問題をいっそう複雑にしています。

　従来の日本の法律では、有料で客を宿泊させるためには、旅館業法に定める簡易宿所営業の届出を行うか、民泊特区（東京都大田区、大阪府など）で申請する必要がありましたが、個人の住宅を貸し出す民泊ではそれらの届出を行わずに違法営業を行っているケースが多発し、上述の問題も大きく報道されるようになりました。そこで2018年6月、住宅宿泊事業法（民泊新法）が施行され、宿泊施設提供者は都道府県知事への届け出を行い、衛生確保措置、騒音防止のための説明、苦情への対応、宿泊者名簿の作成・備付け等が義務付けられました。また、仲介業者（airbnbなど）は観光庁長官に登録し、その監督を受けることとなりました。[19]

---

[19] 住宅宿泊事業法の概要　https://www.mlit.go.jp/common/001212562.pdf

住宅宿泊事業法の概要図

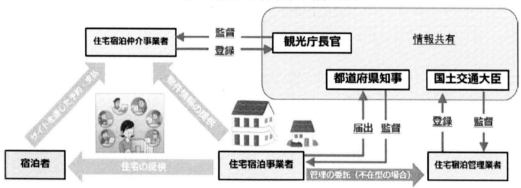

資料：観光庁

（令和3年版　観光白書20ページ　コラム図表Ⅰ-2-1）

　この法律では、営業日数の上限は180日までと定められ、各自治体によってはさらに厳しい制限が課されたことから、それまで登録していたホストの撤退が相次ぎ、登録ホスト数は一時2万件以下となりました。しかし、インバウンドの増加による旺盛な宿泊需要から、2019年5月末時点では5万件の物件が登録されるまで回復しました[20]。

◆参考文献

Alan T. Stutts, James F. Wortman (2005) Hotel and Lodging Management: An Introduction 2nd edition

David L. Jones, Jonathon Day & Donna Quadri-Felitti (2013) Emerging Definitions of Boutique and Lifestyle Hotels: A Delphi Study, Journal of Travel & Tourism Marketing, 30:7, 715-731

Hilton Worldwide Holdings Inc. 2021 Annual Report
https://ir.hilton.com/financial-reporting/sec-filings

---

[20] 日経産業新聞　2019/06/07 記事　「エアビー、5万件回復、民泊新法1年、拡大へ自治体連携」

Chapter 4

ホテル業の歴史（欧米編）

The History of Hotel Industry (Europe & US)

本章の目的

- 欧米におけるホテルの発展史を理解する。
- ホテルの語源から、成立過程を考える。
- アメリカにおけるホテルの近代的経営の発生を概観する。

1．ホテル前史

　有史以来、人が旅する場所には宿屋ができて、休息の場が提供されてきました。ギリシャ時代には、集会や宿泊のための公共施設であるレスケや、外国人を宿泊させるパンドケイオンが発生しました。ローマ時代には、アウグストゥスによって道路網が整備されましたが、道路沿いには宿駅が設置されました。

　中世に入ると、修道院が巡礼の旅に出た旅人に宿を提供するようになり、ホスピティウム（hospitium）と呼ばれました。

　13世紀ごろになると、ブルジョワジー（中産階級）による交易が盛んになり、その宿としてイン（inn）が作られました。インの建物はロの字型で、中庭に馬車をつなぎ、1階に食堂、2階には寝室という構造でした。15世紀ごろイギリスでは、インの競争が激しくなり、音楽や芝居といったエンターテイメントが中庭で上演されるようになりました。イギリスでは現在もインの名称が残り、小規模で家庭的、比較的安価な宿のことを指します。

2．ホテルの語源

　英語のホテル（hotel）の語源は、フランス語のオテル（hôtel）ですが、18世紀ごろ、貴族の大邸宅や上流階級の社交の場という意味で使われていました。それはフランス語で主人・客人を表す hôte から派生した hospitalier（修道院で旅人をもてなす宿）に由来しています。これ

らhôte、hospitalier といったフランス語は、ラテン語の hospes、hospitium とほぼ同義であると考えられます。

　ラテン語の hospes は、ホスト（host）、ゲスト（見知らぬ人、外国人）（guest, stranger, foreigner）を意味します。旅人を迎え入れるホストは、客人に食事と安全な宿泊場所を提供して保護します。そこから手厚いもてなしを意味する hospitalis といった言葉にも派生し、後には英語の hospitality につながっています。

　Hotel（ホテル）をはじめ、hospital（病院）や hospice（ホスピス）といった語も上記の言葉から派生してできた兄弟分といえます。

ホテルの語源

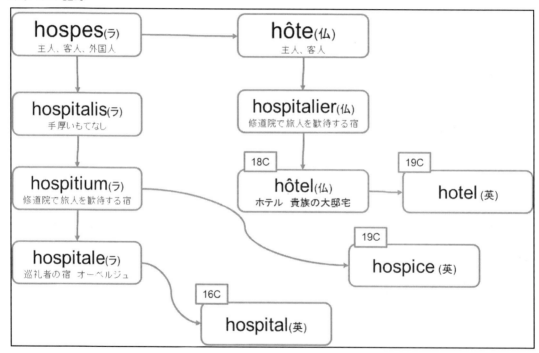

3. ホテル発展史

3-1. フランスのホテル文化

　前項の語源でも触れたとおり、フランス語のオテル（hôtel）はフランス貴族の社交の場や邸宅を示す語ですが、このようなフランス上流階級の生活スタイルのなかで、最高級の家具調度品やフランス料理、接遇作法が確立され、今日の高級ホテルのサービスの原型となっています。

　1850 年、パリに開業したグランドテル Grand Hôtel は、はじめて会社組織として経営されたホテルとなりました。

イギリスでも 19 世紀に入るとホテル（hotel）という名称が使用され始めましたが、小規模なインに対して、大規模な宿泊施設がホテルと呼ばれました。

3-2. セザール・リッツの登場

セザール・リッツ Cesar Ritz（1850～1918）はスイスに生まれ、フランス、イギリス、スイスなどの一流ホテルで経験を積み、当時の顧客層であった王侯貴族たちから絶大な支持を受けました。モンテカルロのグランドテルに総支配人として着任した際、フランス料理界に革新をもたらしたオーギュスト・エスコフィエと出会い、その後協力して多くの高級ホテルを開業していきました。[21]

セザールのサービス哲学は、次のようなものでした。

セザール・リッツ[22]

"See all without looking; hear all without listening; be attentive without being servile; anticipate without being presumptuous. If a diner complains about a dish or the wine, immediately remove it and replace it, no questions asked."

どんなに高貴な身分の客に対しても、あくまでも自然に、さりげなくふるまいながら常に細心の注意を向け続け、もしも不満がでれば即座に対応するようにする、というわけです。このようにセザールは「顧客は常に正しい」という基本姿勢を堅持しながら、ホテル経営を成功させていったのです。

1898 年、パリに「ホテルリッツ」、1899 年にはロンドンに「カールトンホテル」を開業します。カールトンホテルはロンドンではじめて、客室すべてにバスルームを付けたことで有名になりました。セザールはその後も多くのホテルを手掛けますが、1902 年に神経衰弱となって現役を退きました。

1910 年設立された「ザ・リッツ・カールトン マネジメント カンパニー」は、セザールの死後もその妻マリーと息子シャルルによって経営されましたが、1929 年の大恐慌によって経営は悪化していったのでした。

---

[21] ジョゼフ・ミケーリ（2009）『ゴールド・スタンダード ザ・リッツ・カールトン・ホテルカンパニー 世界最高のお客様経験を作り出す５つのリーダーシップ法』ブックマン社.
[22] Wikimedia Commons
https://commons.wikimedia.org/wiki/File:C%C3%A9sar_Ritz_%281897%29.jpg

3-3. コロニアルホテル

　このようにホテル産業はヨーロッパで生まれ、発展しましたが、列強国による植民地政策の中で、アジア等に侵略したヨーロッパ人の手によるホテルが建設されてゆきました。

　シンガポールでは、イギリス植民地時代の 1887 年、ラッフルズホテル Raffles Hotel がつくられました。コロニアル様式と呼ばれる建築で、シンガポール在住のヨーロッパ人や旅行者の社交場として運営されました。このホテルのロングバーで提供されるカクテル、「シンガポール・スリング」は、イギリスの文豪サマセット・モームに愛飲されたことで有名です。ホテルは 1942 年に日本軍により接収されますが、終戦後再オープンを果たしています。2006 年に売却され、フェアモント・ラッフルズ・ホテルズ（FRHI）傘下となりましたが、2015 年に仏アコーホテルズにより買収されました。

　同様に香港でも、イギリス統治下の 1928 年にザ・ペニンシュラ香港 The Peninsula Hong Kong が開業しました。こちらも 1942 年に日本軍により接収されて、その間「東亜ホテル」と呼ばれましたが、終戦後解除されました。1994 年に 30 階建ての新館が完成し、現在も香港を代表するラグジャリーホテルとして営業が続いています。

4. アメリカにおけるホテル発展史

　アメリカでは独立宣言公布直前の 1774 年、ニューヨークにザ・シティ・ホテル The City Hotel が開業します。

　その後 1829 年には、ボストンにトレモントハウス Tremont House が開業、当時全米ナンバーワンとなる 170 室の客室と、全室に鍵つきのドア、洗面台、石鹸が設置されたことは画期的なことでした。さらにベルボーイを配備し、ロビーには拡声器を用意するなど、最新の技術とスタイルを提供しました。

　1893 年、ニューヨーク 5 番街にウォルドルフ＝アストリアホテル The Waldorf-Astoria がオープンし、客室数は 1000 室（当時世界最大）、豪華な施設は見るものを圧倒しました。その後 1931 年にパークアベニューに移転しますが、アール・デコ様式で 1380 室という威容は、まさにアメリカを代表するホテルと呼ぶにふさわしいものでした。ウォルドルフ＝アストリアにはケネディー族などの歴代大統領のほか、マリリン・モンローなどが長期滞在するなど、数多くの有名人が利用し栄華を究めますが、1949 年にコンラッド・ヒルトンによって買収され、以後ヒルトングループの最高級ホテルとして運営されました。2014 年、中国の保険会社である安邦保険集団による買収が決まると、アメリカ政府は大統領の当面の宿泊取りやめを発表するなど、大きな波紋を呼びました。

1907 年、エルズワース・スタットラー Ellsworth Milton Statler（1863〜1928）は、ニューヨークのバッファローにスタットラーホテルを開業しました。ホテルのコンセプト、"A Room and a Bath for a Dollar and a Half"、1.5 ドルという低価格でありながら、清潔で快適な（華美ではない）客室とバスルームを提供する、という方針は、それまで富裕層だけのものであったホテルを、一般の中流階級にも手の届くものに変えました。このコンセプトは当時のアメリカの経済発展による旅行者の増加にともなって支持を集め、1912 年オハイオ州クリーブランド、1915 年デトロイト、1917 年セントルイス、1927 年ボストン、と次々とホテルを開業し、スタットラーは近代ホテルチェーン経営の基礎を確立します。スタットラーホテルのイノベーションは、冷水循環システムや効率的な

エルズワース・スタットラー

配管、ライト付きクローゼット、読書灯、ドアの新聞受けの設置、タオルやステーショナリーの常備など、現代のホテルでは当たり前となった多くのアイデアを生み出しました。また、従業員に対して業界初となる週休制度、有給休暇制度、無償の医療制度、持ち株制度などを導入し、従業員の待遇向上にも努めました。

スタットラーの哲学は次のようなものでした。

"Life is service. The one who progresses is the one who gives his fellow human beings a little more, a little better service."

「人生とはサービスである」、味わい深い言葉です。

彼の死後、妻であったアリス・スタットラーの尽力によりスタットラー基金が設立され、ニューヨーク州のコーネル大学 Cornell University School of Hotel Administration に多額の寄付が行われ、次世代のホテリエを育成するための教育、研究が今も続けられています。同大学の敷地内では The Statler Hotel at Cornell University が営業されており、一般客の受入れと同時に学生の実習教育が行われています。

スタットラーが作り上げたホテルチェーンは、その後 1954 年、コンラッド・ヒルトンによって 1 億 1100 万ドルで買収されました。

5. 主要インターナショナルホテルチェーンの沿革

5-1. ヒルトン（Hilton）

　コンラッド・N・ヒルトン Conrad Nicholson Hilton（1887〜1979）は、1919年にテキサス州シスコで最初のホテルを買収し、その後も次々にホテルを増やし、ついにウォルドルフ＝アストリアホテルやスタットラーホテルを手中に収め、ホテル王と呼ばれました。コンラッドはそれまで業界で一般的だった"ドンブリ勘定"はなく、管理会計による厳密なコストコントロールと、正確なフォーキャスト（収支見通し）を徹底し、1947年にニューヨーク証券取引所への上場を果たし、ホテル経営の近代化に貢献しました。

　1949年、初の海外進出となるカリブ・ヒルトンをプエルトリコに出店し、ヒルトン・インターナショナルを設立しました。その後もマドリッド、イスタンブールなどに次々とホテルをオープンし、1963年には日本に東京ヒルトンホテルを開業しました。米国外のヒルトンホテルを運営するヒルトン・インターナショナルは、1967年に当時世界最大の航空会社であったトランスワールド航空に売却されましたが、その後アレジス・コーポレーション、さらに英国のラドブローク・グループに転売されていきました。そして2006年、米国ヒルトン・ホテルズ・コーポレーションがヒルトン・インターナショナルの株式を取得し、米国内外のヒルトンホテルグループは再統合されました。2009年、社名をヒルトンに改称しています。2019年、ヒルトンは創業100周年を迎えました。

5-2. マリオット・インターナショナル（Marriott International, Inc.）

　マリオット・インターナショナルは、7,989ホテル、1,479,179室の規模を誇る世界最大のホテルチェーン企業です。（2021年12月末時点）

　1900年にユタ州の開拓農園に生まれ、敬虔なモルモン教徒であったジョン・ウィラード・マリオット J. Willard Marriott は、1927年、ワシントンD.C.で A&W ルートビアスタンド"Hot Shoppes"を開業しました。それからドライブインレストラン事業や機内食サービス事業など、フードビジネスを中心に積極的に事業展開していきました。

　その後、息子であるJ.W.マリオット Jr.をリーダーとして、ホテル事業への進出を図り、1957年、初のホテルとなるツインブリッジ・モーターホテルを開業します。1968年、ニューヨーク株式市場に上場を果たし、1969年にはアカプルコ（メキシコ）に出店、海外進出を開始しました。

　1983年、ビジネストラベラー向けのホテルとして、コートヤード・バイ・マリオット COURTYARD by Marriott を出店します。翌年の1984年には、ワシントンD.C.に JW マリオット JW Marriott を出店、さらに1987年にはフェアフィールド・イン Fairfield Inn と

Marriott Suites hotels を開業するとともに、レジデンス・イン Residence Inn を買収し、様々なブランドを擁するブランド・ポートフォリオを形成してゆきました。

　ここまで順調に成長を続けてきたマリオットですが、1990 年ごろから景気が悪化し、91 年に湾岸戦争が起きると、不動産価格が下落してゆき、多くの不動産を保有するマリオットの株価は急落しました。こうしたなかで 1993 年に会社分割に踏み切り、ホテル資産と長期債務を保有する「ホストマリオット」（1999 年に REIT となり、現 Host Hotels & Resorts, Inc.）と、ホテルの運営管理サービスに特化した「マリオット・インターナショナル」Marriott International, Inc. が設立されました。

　経営危機から立ち直ったマリオットは、その後も 1995 年にリッツ・カールトン・ホテル・カンパニー　The Ritz-Carlton Hotel Company の株式 49%取得、1997 にルネッサンス・ホテルグループ　Renaissance Hotel Group を買収するなど、積極的にチェーン規模を拡大してゆきました。さらに 2009 には独立系ホテルと提携するオートグラフ・コレクション Autograph Collection を開始しました。

　そして 2015 年にはカナダを中心に展開するデルタ・ホテルズ　Delta Hotels and Resorts、2016 年には世界に 1200 軒以上のホテルを持つスターウッド・ホテルズ＆リゾーツ Starwood Hotels & Resorts を相次いで買収し、世界最大のホテルチェーン企業になりました。

5-3. インターコンチネンタル・ホテルズ・グループ（InterContinental Hotels Group PLC）

　インターコンチネンタル・ホテルズの母体となった会社は、バス・ペールエールなどの製品で知られるバス・ブリュワリー　Bass Brewery です。1777 年、英国のウィリアム・バス William Bass によって創業されました。以来、ビールの醸造とパブの経営を行っていましたが、1952 年にホリデイ・イン Holiday Inn を買収し、1988 年にインターコンチネンタル・ホテルズを買収することにより、ホテル事業にシフトしてゆきました。

　ホリデイ・インは、第二次大戦後、自動車が大量生産され、急速にモータリゼーションが進行していった米国で、ファミリーが安心して宿泊できるモーテル motel を作りたいと考えたケモンズ・ウィルソン Kemmons Wilson（1913-2003）によって設立されました。1 号店がメンフィスに開業されて以来、フランチャイズを中心にホテルは順調に増えていきました。ホリデイ・インは、初めて電話予約システムを導入したホテルチェーンです。

　インターコンチネンタル・ホテルズは、米国の航空会社、パンアメリカン・エアウェイズ Pan American Airways の経営者であったファン・トリップ　Juan Trippe によって設立されました。1949 年、1 号店をベレン（ブラジル）に開業後、南米をはじめとして航空路線の展開に合わせて次々とホテルが建設されていきました。しかし、次第に親会社のパンナム航空の経営が悪化し、1991 年に会社更生法を申請するとホテルは売却され、1988 年から 1990 年にかけ

てバスによって買収されました。

　その後、1989 年に英国でパブの所有制限に関する法律が制定されるとパブを手放しはじめ、2000 年にはバス・ブリュワリーをインターブリュー社 Interbrew に売却し、社名をシックス・コンチネンツ Six Continents Plc.に変更しました。同年、サザン・パシフィック・ホテルズ Southern Pacific Hotels Corporation（オーストラリア）とブリストル・ホテルズ　Bristol Hotels & Resorts Inc.（英国）を相次いで買収し、巨大ホスピタリティ会社となりました。

　2003 年にはホテル事業と飲料事業を分割し、ホテル事業会社は InterContinental Hotels Group PLC として独立することとなりました。

　2015 年には、米国のキンプトン・ホテルズ＆レストラン Kimpton Hotels & Restaurants を買収しました。

◆参考文献

Alan T. Stutts, James F. Wortman（2005）Hotel and Lodging Management: An Introduction 2nd edition

ジョゼフ・ミケーリ（2009）『ゴールド・スタンダード　ザ・リッツ・カールトン・ホテルカンパニー　世界最高のお客様経験を作り出す５つのリーダーシップ法』ブックマン社。

ポール・ヘンプ（2002）『リッツ・カールトン：ハイタッチ·サービスの秘密』Diamond Harvard Business Review

一般財団法人日本ホテル教育センター編（2006）『ホテル起業の基本』プラザ出版社。

Cornell University School of Hotel Administration ウェブサイト
　https://sha.cornell.edu/about/history.html

University of Houston ウェブサイト
　http://www.uh.edu/hilton-college/About/Hospitality-Industry-Hall-of-Honor/

Chapter 5

インターナショナルホテルチェーン

International Hotel Group

```
本章の目的
・ インターナショナルホテルチェーンの経営実態を把握する。
・ 日本における外資系ホテルの戦略を考える。
```

1. インターナショナルホテルチェーンの勢力図

2021 年 12 月末時点のインターナショナルホテルチェーン各社のホテル数、客室数は以下の通りでした。

世界の主要ホテルチェーンの施設数と客室数[23]

順位	ホテルチェーン名	国籍	施設数	客室数
1	MARRIOTT INTERNATIONAL	USA	7,989	1,479,179
2	HILTON WORLDWIDE	USA	6,837	1,074,791
3	JIN JIANG INTERNATIONAL	CHI	9,494	946,085
4	IHG （INTERCONTINENTAL HOTELS GROUP）	GB	6,028	882,897
5	WYNDHAM HOTEL GROUP	USA	8,950	810,051
6	ACCOR HOTELS	FRA	5,298	777,714
7	Huazhu Group	CHI	7,830	753,216
8	CHOICE HOTELS INTERNATIONAL	USA	7,030	579,746
9	BEST WESTERN	USA	4,700	NA
10	HYATT HOTELS AND RESORTS	USA	1,162	284,944

---

[23] 各社アニュアルレポート等より作成

まず目につくのは、MARRIOTT INTERNATIONAL の客室数の多さでしょう。2 位以下を大きく引き離して 150 万室に迫る勢いですが、2016 年に同じく米国のホテルチェーンのStarwood Hotels & Resorts を買収したことにより、世界最大のホテルグループとなりました。詳しくは後述しますが、日本国内のホテルチェーンで客室数最多のアパホテルの客室数は96000 室ほどであり、世界のインターナショナルホテルチェーンとはスケールがまったく異なっています。各社のホテル数と客室数の関係に注目すると、客室数は上から順に並んでいますが、ホテル数は必ずしも順番にはなっていません。とくに 3 位の JIN JIANG 、5 位の WYNDHAM、7 位の Huazhu の施設数は突出して多くなっています。1 ホテルあたりの平均客室数を考えると、Marriott は 185 室、Hilton は 157 室であるのに対して、JIN JIANG は 100 室、WYNDHAM は 91 室、Huazhu は 96 室と小規模であることがわかります。こうした小規模なホテルを多数展開するチェーンは、低価格なエコノミータイプが中心になっているのです。

　国籍別に見ると、米国は MARRIOTT を筆頭に 6 社、中国が 2 社、イギリス、フランスが各1 社ずつであり、米国のシェアの高さが目立ちます。JIN JIANG は中国のホテルチェーンですが、2018 年末の規模は 7537 軒、761,323 室だったので、ここ 3 年で約 25％増加したことになります。また、Huazhu もここ数年で急成長を遂げており、中国の急速な経済成長を反映していると考えられます。

世界のホテルチェーンの売上高ランキング（2021 年度、単位 10 億ドル）

売上高の面では、3章の経営形態で見たとおり、直営はホテルの売上がすべて企業に帰属しますが、MC やフランチャイズはホテルの売上ではなく、マネジメント・フィーやフランチャイズ・フィーという形で入るため、金額としてはそれほど多くはなりません。（逆に言えば、業績が悪化したときの損失リスクも低くなります。）

　世界の大手ホテルチェーン各社は、ホテルの資産を持たずに MC やフランチャイズによって施設数を増やすことに注力しており、純粋なオペレーション会社を目指す傾向にあるといえます。

2. インターナショナルホテルチェーンの経営形態

2-1. ヒルトンのブランド・ポートフォリオ

　ヒルトン（Hilton）は米国を本拠とするインターナショナルホテルチェーンで、2021 年末現在 122 か国に 6,837 ホテル、1,074,791 室を展開しています。[24]

　ヒルトンでは、「ヒルトン」、「ウォルドーフ・アストリア」、「コンラッド」など、18 の異なるブランドが運営されています。このように複数のブランド組み合わせることをブランド・ポートフォリオと呼びます。

ヒルトンのブランドとホテル数（2021 年 12 月 31 日）

ブランド	カテゴリー	国/地域	軒数
Waldorf Astoria Hotels & Resorts	Luxury	15	31
LXR Hotels & Resorts	Luxury	7	9
Conrad Hotels & Resorts	Luxury	21	42
Canopy by Hilton	Upper Upscale	10	35
Signia by Hilton	Upper Upscale	1	1
Hilton Hotels & Resorts	Upper Upscale	94	598
Curio—A Collection by Hilton	Upper Upscale	28	116
Embassy Suites Hotels	Upper Upscale	5	258
DoubleTree by Hilton	Upscale	50	635
Tapestry Collection by Hilton	Upscale	9	73
Tempo by Hilton	Upscale	0	0
Hilton Garden Inn	Upscale	55	940
Homewood Suites by Hilton	Upscale	3	526

[24] Hilton Worldwide Holdings Inc. 2021 Annual Report

Motto by Hilton	Upper Midscale	1	3
Hampton Hotels	Upper Midscale	33	2765
Home2 Suites by Hilton	Upper Midscale	3	523
Tru by Hilton	Midscale	2	214
Hilton Grand Vacations	Timeshare	6	60
Total			6,837

出典: Hilton Worldwide Holdings Inc. 2021 Annual Report をもとに作成

2-2. ヒルトンのホテル経営形態

　ヒルトンのホテルの経営形態は、直営、リース、MC、フランチャイズ等さまざまな形態が存在しています。以下の表は2021年末時点の各ブランドの経営形態別軒数を表しています。

ヒルトンのホテルブランドと経営形態（2021年12月31日）

	Owned /Leased	Managed	Franchised	Total
Waldorf Astoria Hotels & Resorts	2	29		31
LXR Hotels & Resorts		3	6	9
Conrad Hotels & Resorts	2	38	2	42
Canopy by Hilton		8	27	35
Signia by Hilton		1		1
Hilton Hotels & Resorts	50	282	266	598
Curio—A Collection by Hilton		21	95	116
Embassy Suites Hotels		43	215	258
DoubleTree by Hilton		144	491	635
Tapestry Collection by Hilton		2	71	73
Tempo by Hilton				0
Hilton Garden Inn		97	843	940
Homewood Suites by Hilton		13	513	526
Motto by Hilton			3	3
Hampton by Hilton		60	2,705	2,765
Home2 Suites by Hilton		2	521	523

			214	214
Tru by Hilton			214	214
Hilton Grand Vacations			60	60
Other		2	6	8
Total	54	745	6,038	6,837

出典: Hilton Worldwide Holdings Inc. 2021 Annual Report をもとに作成

上の表から、ヒルトンが運営するホテルのうち、損失リスクを伴う Owned（直営）または Leased（リース）は0.8％に過ぎず、リスクの低い Managed（MC）が10.9％、Franchised（フランチャイズ）が 88.3％を占めていることが読み取れます。ブランド別では、Waldorf Astoria、Conrad といったラグジャリーブランドの多くが MC であるのに対して、低価格ブランドである Hampton や Garden Inn では大部分がフランチャイズであるという違いがあります。ラグジャリーブランドは、サービスの品質を守るためにも運営に深く関与する必要がある一方、低価格ブランドでは看板とシステムを貸して限られたサービスを行い、ホテル軒数を増やすことを重視していると考えられます。旗艦ブランドである Hilton ブランドは、MC とフランチャイズが多くなっていますが、一部直営／リースもあり所有リスクをとることによって、グループを代表するホテルブランドの運営に責任をもってあたっていることが伺えます。

3. 日本における外資系ホテルの位置づけ

3-1. 外資系ホテルの日本での展開状況

国内で展開するインターナショナルホテルチェーン（いわゆる外資系ホテル[25]）は以下の通りです。

日本国内に展開する外資系ホテル（2022年1月1日）

ホテルチェーン名	ホテル数	客室数
マリオット・インターナショナル	73	16,714
IHG・ANA・ホテルズグループジャパン	41	12,000
チョイスホテルズジャパン	72	11,342
ヒルトン	19	7,581
ベストウェスタンホテルズ	29	4,975

---

[25] 「外資系」とは、本来外国法人または外国人が出資して日本でビジネスを行う企業のことですが、日本のホテル業界においては、海外のホテルオペレーター会社が運営している（ブランド名を使用している）ホテルの呼称として使用されており、出資金の有無は関係がありません。

アコーホテルズ	20	4,667
ハイアットホテルズアンドリゾーツ	17	4,572
フォーシーズンズホテルズアンドリゾーツ	3	427

週刊ホテルレストラン2022年3月4日号をもとに作成

　先述のマリオットによるスターウッド買収により、日本でもマリオットグループは最大のホテルチェーンとなりました。買収以前のマリオットのブランドは、「ザ・リッツ・カールトン」以下、「マリオット」、「コートヤード」、「ルネッサンス」を展開しています。「ザ・プリンスさくらタワー東京」は、プリンスホテルズグループですが、マリオットと提携して「オートグラフ・コレクション」というカテゴリーに入っています。また旧スターウッドのブランドとしては、「ウェスティン」、「シェラトン」といったアップスケールが中心です。最高級ブランドは「セントレジス」です。

　2位のIHG・ANAホテルズグループは、かつて全日空ホテルズを展開していた全日本空輸と、インターナショナルホテルオペレーターであるIHG（Intercontinental Hotels Group）とが2006年に共同出資して設立された会社です。ブランドとしては、「インターコンチネンタル」、「ANAクラウンプラザ」、「ホリデイ・イン」、「キンプトン」などを展開しています。

　チョイスホテルズは、「コンフォートイン」という宿泊特化型のエコノミーホテルを全国に展開しています。

　ヒルトンは、日本では「ヒルトン」、「コンラッド」、「ダブルツリー」などのブランドを展開しています。後述するように「東京ヒルトンホテル」（1963年）は、日本で初めて開業した外資系ホテルでした。

3-2. 外資系ホテルの価格戦略

　次に各社の価格戦略について考えてみましょう。

　東京都内でも激戦地である港区の外資系ホテルの価格を比較してみましょう。（2022年10月1日〜15日。10/1、10/8、10/15は土曜日。10/10は祝日。2名1室。一休.comで調査）

　特徴的なこととして、各社ともに土曜日、休前日は価格が上昇する傾向にありますが、これはその日の需要に合わせて価格を変動させるレベニュー・マネジメントによって価格を決定しているため、主にレジャー客が増える日は価格を高く設定しているためです。（連休、年末年始、お盆休みなど、長期休暇シーズンも同様。）

　ザ・リッツ・カールトン東京は平日・休前日を含めて10万円以上であり、以下価格が高い順に、東京エディション虎ノ門、アンダーズ東京、グランドハイアット東京、メズム東京オートグ

ラフ・コレクション、コンラッド東京が 8 万円から 5 万円前後の価格帯となっています。ストリングスホテル東京インターコンチネンタルが 4 万円台、ホテルインターコンチネンタル東京ベイが 3 万円前後と続き、ANA インターコンチネンタルホテル東京、シェラトン都ホテル東京は 2 万円台となっています。

　消費者から見れば、そのときの TPO に合わせて様々な選択肢がある、ということですが、ブランドマネジメントの点からいうと、価格帯ごとにブランドの棲み分けが明確になされていると考えられます。

東京都 港区の外資系ホテルの価格推移

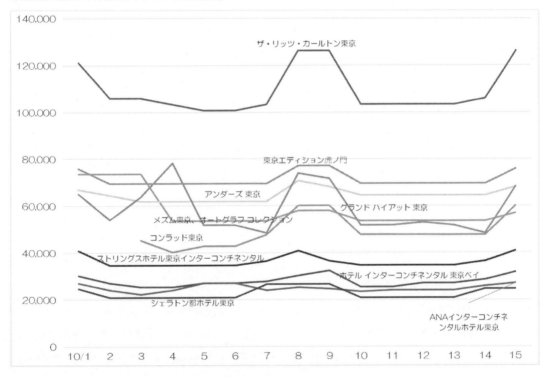

　次にチェーンごとの価格戦略を見てみましょう。

　たとえばハイアットホテルズ＆リゾーツ Hyatt Hotels & Resorts は東京都内では、パークハイアット東京、グランドハイアット東京、アンダーズ東京、ハイアットセントリック銀座東京、ハイアットリージェンシー東京の各ブランドを展開しています。価格の面ではパークハイアットが 8 万円前後、グランドハイアット、アンダーズが 6 万円〜7 万円前後、セントリックが 4 万円〜5 万円、リージェンシーは 2 万円後半となっています。つまり東京での Hyatt の価格戦略は、基本的にラグジュアリーが中心ですが、若干価格の低い層（アップスケール）にはリージェンシーで対応する、という戦略であるといえます。セントリックは 2018 年にオープンしたライ

フスタイルホテルで、リラックスしたムードをもちながら洗練されたコンテンポラリーなデザイ
ンで、価格としてはラグジャリーとアップスケールの中間の位置づけです。

Hyatt Hotels and Resorts の価格分布（東京）

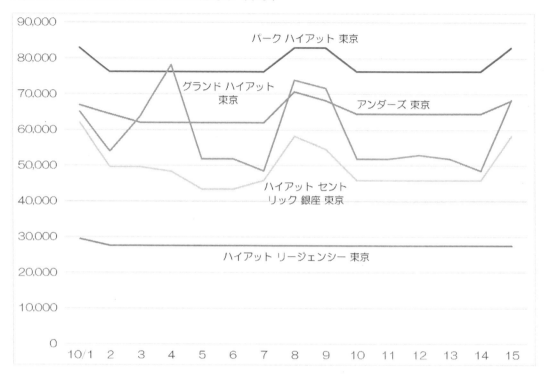

一方、マリオット・インターナショナルは、アロフト東京銀座が２万円前後、コートヤード・
マリオット 銀座東武ホテル、東京マリオットホテルが２万円台後半、AC ホテル・バイ・マリ
オット東京銀座が３万円代前半とミッドプライスになっています。ウェスティンホテル東京 が
５万円前後、メズム東京オートグラフ コレクションが６万円前後、東京エディション虎ノ門が
７万円前後、そしてザ・リッツ・カールトン東京は 10 万円以上と別格になっています。
　このように、同じチェーンのなかでも、ブランドによって価格帯を変えて棲み分けを行ってい
ることがわかります。

Marriott International の価格分布（東京）

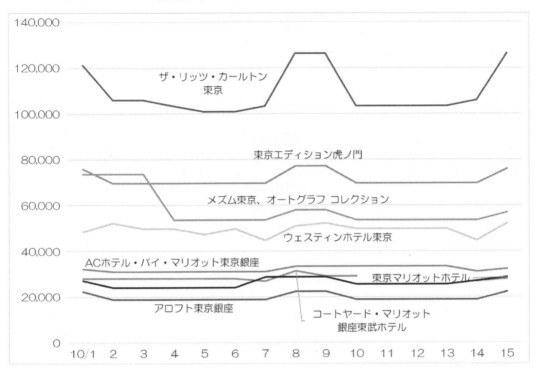

◆参考文献

週刊ホテルレストラン2022年3月4日号　オータパブリケイションズ

一休.com　http://www.ikyu.com/

Chapter 6

ホテル業の歴史（日本編）

The History of Hotel Industry (Japan)

本章の目的
- 日本国内のホテルの発展史を理解する。
- ホテル建設ブームの背景について考える。

1. 日本ホテル前史

運輸省鉄道総局業務局観光課が 1947 年に発行した『日本ホテル略史』によると、元禄年間（1688〜1703）、長崎に居住していたオランダ人が定期的に江戸に参勤した際に宿として利用したのが「阿蘭陀宿」でした。建物は木造の日本家屋で、西洋風の装飾や器具を備え、外国人を宿泊させた、とあります。当時の阿蘭陀宿としては、江戸本石町三丁目にあった「長崎屋」のほか、京都の「海老屋」、大阪の「長崎屋」などがありました。

江戸末期に外国船がたびたび日本を訪れるようになると、それまで鎖国していた日本も外国人を受け入れざるをえなくなりました。安政 5 （1858）年に日米修好通商条約が締結されると、横浜が開港されましたが、万延元（1860）年にはオランダ人船長 C・J・フフナーゲルによって日本初のホテル「ヨコハマ・ホテル」がつくられ、外国人向けの宿泊設備に加え、ビリヤード室とバー等が提供されました。その後も横浜には、「ロイヤル・ブリティッシュホテル」（1862 年）や、「グランド・ホテル」（1870 年）、「クラブ・ホ

ヨコハマ・ホテルの跡地（ 横浜市中区山下町 70 番地「横浜かをり」本店）の前にたつ「ホテル発祥の地」の立て札。（筆者撮影）

テル」（1883 年）などが次々と開業されました。[26]

2. 日本のホテル黎明期

2-1. 築地ホテル館

　上述のホテルは外国人の運営による外国人客のための施設でしたが、明治時代を目前にした 1868 年、ついに日本人の運営による最初のホテルが「築地ホテル館」として開業しました。このホテルは、のちに清水建設となる清水組の二代目清水喜助が建設するとともに、その後の経営も行いました。木造２階建て、客室（102 室）には暖炉とベランダが設置され、食堂、応接室、ビリヤード室などの西洋文化が取り入れられる一方で、外壁のなまこ壁や華頭窓といった伝統的な日本建築の要素もあり、当時としては画期的な和洋折衷様式でした。[27]

2-2. リゾートホテルの誕生

　現在ではクラシックホテルと呼ばれる老舗のリゾートホテルについても見てみましょう。

　1873 年、金谷善一郎により「金谷カッテイジイン」が開業します。のちの「日光金谷ホテル」です。このホテルは、ヘボン式ローマ字で知られるヘボン博士が、当時日光東照宮で楽人を務めていた金谷に指導して、避暑地のリゾートホテルとして作らせたものです。

　同じころ、米国視察から帰国した山口仙之助は、箱根にリゾートホテルを建設しようと、箱根宮ノ下に 500 年の歴史をもつ温泉旅館「藤屋」を買収して洋風に改造し、1878 年に「富士屋ホテル」として営業を開始しました。

　いずれのホテルも和洋折衷様式の建築で、永く多くの著名人たちから愛されています。

2-3. 帝国ホテルの登場

　欧米列強の外圧に屈する形で開国した日本は、なんとしても欧米諸国と互角に外交関係を築くことができるように、西洋文明の吸収を急ぎました。明治 16（1883）年、外国の外交官や国賓のための社交場として鹿鳴館を建設しましたが、こうした賓客を接遇する本格的なホテルが必要となっていました。そのような中で、外務卿井上馨は当時の財界の有力者であった渋沢栄一、大倉喜八郎らに要請して、明治 23（1890）年、東京府麹町区内山下町に帝国ホテルを開業したのです。

　このように国家的プロジェクトとして建設された初期の建物は、ルネサンス式木造煉瓦作りの

---

[26] 横浜市ウェブサイト: 横濱もののはじめ探訪その 19　ホテル
http://www.city.yokohama.lg.jp/naka/sighthist/monohaji/monohaji-19.html
[27] 清水建設ウェブサイト:【第 5 回】絵図で辿る三大洋風建築　「築地ホテル館」
http://www.shimz.co.jp/theme/archives/0810.html

3階建で、寝室数60室、その他主食室、朝飯室、舞踏室、談話室、奏楽室、喫煙室などを完備する日本で初めての本格的フルサービス型ホテルでした。[28]

　その後30数年の時を経て、建物は取り壊され、大正12（1923）年にフランク・ロイド・ライト設計によるライト館が完成しました。鉄筋コンクリートと煉瓦コンクリート構造、地上5階・地下1階、客室数270室という立派な造りでした。ところが、その新しいライト館の落成披露日の1923年9月1日に関東大震災が発生し、東京は瓦礫の山と化しましたが、ライト館は無事でした。

　その後帝国ホテルには、各国の大使や国王のほか、喜劇俳優チャールズ・チャップリンやベーブ・ルース、ヘレン・ケラーなどといった著名人も多く宿泊しました。

　ライト館は老朽化を理由に1968年に取り壊されることになりましたが、その美しい建築には多くのファンがおり、取り壊し反対運動がおこりました。そこで玄関部分は取り壊されずに愛知県の明治村[29]に移設され、現在も保存されています。

　現在の本館の建物は1970年に開業し、さらに1983年にはインペリアルタワーが開業しました。インペリアルタワー（現・帝国ホテルタワー）は、賃貸オフィスやショップフロアを併設した複合ビルで、収益の安定化につながっています。

　このように長い歴史を誇る帝国ホテルには、国内初となる新サービスが多く誕生しました。ホテル内自営のランドリー工場（1911年）やショッピング・アーケードの導入（1922年）、バイキングスタイルのレストラン（1958年）も帝国ホテルが最初に行いました。

2-4.　国策ホテルと幻の東京オリンピック

　昭和5（1930）年、外客誘致と外貨獲得を目的として、国際観光局が創設され、政府資金融資によるホテル建設が積極的に行われました。この融資を受けて、上高地帝国ホテル、蒲郡ホテル、新大阪ホテル（リーガロイヤルホテルの前身）、川奈ホテル、日光観光ホテル（中禅寺金谷ホテルの前身）など、計15軒のホテルが建設されました。これらのホテルの多くは、現在もクラシックホテルとして営業を続けています。（このうち志賀高原温泉ホテルと阿蘇観光ホテルは廃業。）

　1932年には東京にオリンピックを招致することが表明され、1936年のIOC総会において1940年の東京オリンピック開催が決定されました。こうした流れの中で、1938年、実業家・小林一三が率いる阪急東宝グループが、東京・新橋に第一ホテルを開業しました。第一ホテルは、客室面積を狭くし、従業員数を抑えることによって、最新の設備を導入しても汽車の二等寝台料金を基準とする低廉な価格を実現して[30]、好評を得ました。

---

[28] 帝国ホテル編（2010）帝国ホテルの120年
[29] 博物館 明治村（愛知県犬山市字内山1番地）
[30] 第一ホテル（1992）『夢を託して　第一ホテル社史』

しかしその後日本は次第に国際社会の中で孤立して行き、1938 年 7 月に東京オリンピック開催は取りやめとなりました。

2-5. 第二次大戦中のホテル経営

　第二次世界大戦が勃発すると、日本を訪れる外国人も激減し、外国人宿泊客に依存していたホテル産業は大きな打撃を受けました。さらに戦局が悪化すると、国民生活は窮乏し、電力使用制限や食料配給統制が行われ、贅沢品は禁止されるなど、ホテルにとっては日々の運営に支障を来すようになっていきました。また相次ぐ空襲によって 20 ホテルが被災、焼失し、終戦までに 36 ホテルが休廃業に追い込まれました。

　1945 年、終戦を迎えた後も、戦災を免れたホテル・ニューグランド（横浜）や帝国ホテル、第一ホテルなど約 50 軒のホテルが連合軍（GHQ）によって接収されました。もっともこの時期の日本は窮乏を極めていましたので、羽振りのいい連合軍の軍人たちの派手な振る舞いは、ホテルの営業という意味では大きな利益につながりました。こうした接収は 1952 年頃まで続きました。

3. ホテル建設ブーム

　戦後復興が進む中で、日本経済発展の大きな起爆剤となったのは 1964 年に開催された東京オリンピックでした。オリンピックの開催が決定されると、訪日客の増加に対応するため、銀座日航ホテル（1959 年）、銀座東急ホテル（1960 年）、パレスホテル（1961 年）、ホテルオークラ（1962 年）、ホテルニューオータニ（1964 年）など、多くのホテルが建設されました。

　また、東京急行電鉄の要請により、初の外資系ホテルとして東京ヒルトンホテル（現　ザ・キャピトルホテル東急）が 1963 年に永田町に開業しました。東京ヒルトンホテルではインターナショナルホテルチェーンによる当時最先端のホテル運営ノウハウが実践されたため、そこで経験を積んだ従業員たちはその後多くのホテルに転職してノウハウを伝え、日本のホテル業界に大きな影響を与えました。

　このように、東京オリンピックを契機に急速にホテル建設が進んだ時期を、第 1 次ホテル建設ブームと言います。「御三家ホテル」と呼ばれるホテルが出そろい、日本を代表するシティホテルが登場した時期といえるでしょう。

　その後、1970 年の大阪万博を契機にした第 2 次ブーム、1975 の沖縄海洋博と 1978 年の成田国際空港開港を中心とした第 3 次ブームがおこりました。

　1980 年代にはバブル景気を迎えますが、ホテル西洋銀座（1984 年）などのラグジャリーホテルや、1983 年に営業開始した東京ディズニーランドの周辺のシェラトン・グランデ・ト

ーキョーベイ・ホテル、東京ベイヒルトンホテル、第一ホテル東京ベイ（現　ホテルオークラ東京ベイ）（いずれも 1988 年）などが特徴的といえるでしょう。

1990 年代に入ると、バブル期に計画されたラグジャリーホテルがつぎつぎとオープンしました。とくにフォーシーズンズホテル椿山荘東京（1992 年）、パークハイアット東京（1994 年）、ウェスティンホテル東京（1994 年）のラグジャリー外資系ホテルは「新御三家ホテル」と呼ばれ、一世を風靡しました。

バブル崩壊後、日本は「失われた 20 年」というデフレ期に突入しますが、1997 年ザ・リッツ・カールトン大阪、1998 年横浜ベイシェラトンホテル＆タワーズ、2000 年名古屋マリオットアソシアホテルといった外資系ホテルが次々オープンしてゆきました。

東京では、グランドハイアット東京（2003 年）、コンラッド東京（2005 年）、マンダリンオリエンタル東京（2005 年）、ザ・リッツ・カールトン東京（2007 年）、ザ・ペニンシュラ東京（2007 年）、シャングリ・ラホテル東京（2009 年）といった外資系スーパーラグジャリーホテルが相次いで開業しました。

4. 国内主要ホテルチェーンの沿革

4-1. プリンスホテルズ＆リゾーツ

プリンスホテルの歴史は、創業者 堤康次郎による軽井沢、箱根開発から始まりました。戦後の混乱期であった 1947 年に軽井沢の朝香宮別邸を譲り受けたのをはじめとして、竹田宮邸（高輪）、李王家邸（赤坂）、北白川宮邸（新高輪）など、皇籍離脱した宮家の保有する土地や邸宅を次々と手中に収め、ホテルとして開業していきました。それらの建物には菊の御紋が配され、さらに軽井沢（千ヶ滝）を皇室専用ホテルとして皇太子等が利用し、「プリンス」の名を使用するようになりました。このように初期のプリンスホテルは、皇室との深いつながりをもつことによってブランド価値を高めていったのです。

その後の高度経済成長期には、スキー場やゴルフ場などを次々とオープンし、とくにバブル期には「スキーといえば苗場プリンス、テニスといえば軽井沢プリンス、プールといえば大磯ロングビーチ」というように、当時のレジャーの流行を牽引する華やかな役割を担っていきました。また、高輪プリンスの「飛天の間」では、多くの芸能人が披露宴を行い、「国際館パミール」では日本アカデミー賞授賞式が行われるなど、消費者にとって憧れの存在となっていったのです。

しかしバブル崩壊後は顧客離れが進み売上高も漸減する中で、「ザ・プリンス パークタワー」などの新規開発を続けたため、財務状況は悪化の一途を辿っていきました。

プリンスホテルのブランド再編の直接的契機となったのは、2004 年に発覚した西武鉄道の不祥事に端を発する親会社コクドを含むグループ再編、経営刷新でした。

2007 年 4 月、プリンスホテルはブランド再編を実施し、各ホテルを「ザ・プリンス」「グランドプリンス」「プリンス」の 3 つのカテゴリーに分類しました。「ザ・プリンス」はパークタワー東京、さくらタワー、箱根、軽井沢で構成され、フラッグシップホテルと位置づけられました。また「グランドプリンス」は赤坂、高輪、新高輪など、大型の宴会場などを備える都市型ホテルとされました。それ以外のホテルは従来どおり「プリンスホテル」ブランドで営業を継続することとなりました。かつて「赤プリ」の愛称で親しまれたグランドプリンスホテル赤坂は、その後 2011 年に営業終了し再開発が行われ、2016 年にザ・プリンスギャラリー 東京紀尾井町として開業しました。（スターウッド・ホテルズ＆リゾーツワールドワイドの「ラグジュアリーコレクション」に加盟。）

2022 年 4 月、株式会社プリンスホテルは組織再編を行い、新会社「株式会社西武・プリンスホテルズワールドワイド」へ事業の一部を承継し、資産を保有する直営方式から、純粋なオペレーターへ事業を転換することを表明しました。

4-2. 東急ホテルズ

東京急行電鉄創業者の五島慶太は、観光事業への意欲を持ち、1954 年に横浜ホテルを買収しました。アメリカ本土やハワイで成功して来日する日系二世の人々でにぎわい、「移民ホテル」と呼ばれたこのホテルは 1962 年に横浜駅西口に移転し、横浜東急ホテルとして営業しましたが、2002 年のブランド再編にあたって横浜エクセルホテル東急に改称されました。2011 年、横浜駅周辺の再開発計画に伴って閉館となりました。

航空産業の発展により増加する訪日外国人客を受け入れるため、ホテル建設に意欲を燃やす五島は、1955 年にヒルトン・インターナショナルとホテル運営委託契約（MC 契約）を結び、1963 年に千代田区永田町に初の外資系ホテルとなる東京ヒルトンホテル（459 室）を開業しました。ホテルの躯体構造は三ツ矢型で、3 方向に延びるウィングに客室を配し、中心部にエレベーターを置くことにより動線を効率化するという画期的なものでした。またヒルトンは、ホテル財務管理や勤務評価、原価管理（FB コントローラー）など当時最先端の運営ノウハウを導入し、その後の日本のホテル業界に多大な影響を与えることになりました。20 年間のヒルトンとの運営委託契約満了を迎えた 1983 年 12 月 31 日から翌 1 月 1 日に日付が変わる瞬間にすべての看板、ロゴマークが「ヒルトン」から「東急」に換えられ、キャピトル東急ホテルとして生まれ変わりました。その後、キャピトル東急ホテルは永田町再開発計画に伴って 2006 年に閉館して全棟建て替えられ、2011 年にザ・キャピトルホテル東急として再オープンしました。

東京ヒルトンホテル開業に先立つ 1960 年には銀座東急ホテルがオープンし、ヒルトンから推薦されたヒューバート・チュアーを総支配人に迎え、24 時間営業のコーヒーショップや、中国料理のバイキング、屋上でのビアガーデンなど、画期的なサービスを次々に提供してゆきまし

た。（2011 年閉館。）

その後も同社は下田、羽田、博多、赤坂、札幌、長崎、大阪、仙台、鹿児島、京都、岡山、金沢、名古屋、東京ベイ（舞浜）、沼津、セルリアンタワー（渋谷）などチェーン網を広げていきました。

1968 年には株式会社東急ホテルチェーンを発足して、1972 年に東京証券取引所市場第二部に、そして 1983 年には東京証券取引所市場第一部上場を果たします。

しかしバブル経済崩壊後、多額の有利子負債を抱えた同社は 2003 年に東京急行電鉄の100％子会社となり、電鉄が運営していた東急インチェーンと統合され、東急ホテルズとなりました。東急インチェーンは東急イン、エクセルホテル、リゾートのブランドを有していましたが、2015 年に「東急ホテル」「エクセルホテル東急」「東急 REI ホテル」の３ブランドに再編されました。

4-3. ホテルオークラ

1946 年の財閥解体によって帝国ホテルの経営から追放された大倉喜七郎は、欧米の模倣ではなく日本の文化や伝統美を取り入れた新ホテルの建設に意欲を燃やし、持ち株会社整理委員会のメンバーであった野田岩次郎を社長に迎えて、1962 年ホテルオークラ東京を開業しました。外観は城郭建築様式を取り入れて海鼠壁をあしらい、内装もロビーのランターン照明、梅の花のテーブルとソファ、藤棚のシャンデリアなど随所に日本伝統の意匠を散りばめた豪華なホテルでした。その後建物の老朽化がすすみ、2015 年 8 月をもって本館の営業を終了し取り壊され、2019 年に「The Okura Tokyo」として新築され、中層棟「オークラヘリテージウイング」と、高層棟「オークラ プレステージタワー」の２棟を有するラグジュアリーホテルに生まれ変わりました。

1971 年ホテルオークラ・アムステルダム、1972 年にはグアム・ホテルオークラ（2008年営業終了）を開業するなど、日本のホテルチェーンとしてはいち早く海外進出を果たしました。その後国内では新潟、神戸、福岡、千葉、東京ベイ、札幌、京都など、海外ではマカオ、バンコク、台北などに次々と展開していきました。

2010 年には㈱JAL ホテルズの株式 79.6％を取得し、同社を連結対象子会社とし、さらに2015 年に両社グループにおけるホテルチェーン運営機能を統合し、「株式会社オークラ ニッコー ホテルマネジメント」を子会社として設立し、オークラホテルズ＆リゾーツ、ニッコー・ホテルズ・インターナショナル、ホテル JAL シティを一元的に運営する体制となりました。

4-4. ホテルニューオータニ

東京オリンピックを間近に控えた 1962 年、訪日外国人客を受け入れるホテル不足が予測さ

れるなか、政府の要請を受けた大谷米太郎（元力士。鉄鋼王と称された。）は、1000室超のホテル建設に挑みました。わずか17か月という短期間に、日本最大級のホテルを建設するため、外壁はカーテンウォール工法を採用し、東陶機器（TOTO）によって開発されたユニットバスを組み込むことにより、工期を大幅に短縮することに成功しました。こうして1964年9月、ホテルニューオータニが開業しました。

　1970年代以後、湯沢、鳥取、佐賀、横浜、博多、札幌、浜松など次々とチェーン展開を果たし、海外ではカイマナビーチ、ロサンゼルス、シンガポールなどに出店してゆきました。

4-5. 東横イン

　東横インは1986年の創業以来、『駅前旅館の鉄筋版』を標榜して、出張ビジネスマンをターゲットとして店舗数を拡大してきたビジネスホテルチェーンです。

　同社のオペレーションにおける最大の特徴は、支配人をはじめほとんどのスタッフをホテル業未経験の女性（主婦など）とし、人件費を抑えている点にあります。レストラン、宴会場は設置せず、朝のおにぎり・味噌汁またはパン・コーヒーを無料提供しますが、それは支配人らスタッフが作ることによってコストを圧縮しているのです。予約はインターネット直販とし、メンバーシップ制度『東横INNクラブカード』を有しています。また、2010年より客室価格を需要に合わせて変動させるプライスコントロールシステムを導入し、収益増加に努めています。

　店舗開発においては、オーナーと30年間賃貸借契約を締結し、建物は建設業者に依頼するものの、内装およびメンテナンスはグループ会社の「東横イン電建」が施工します。これによって、オーナーは土地と建物建設資金さえ用意すれば、その後の設備更新投資等もすべて東横インに任せて、30年間賃料収入（リターン）が約束される形となっていることが魅力といえます。

◆参考文献

運輸省鉄道総局業務局観光課（1947）『日本ホテル略史』

日本ホテル協会（2009）『日本ホテル協会百年の歩み』. オータパブリケイションズ

帝国ホテル編（2010）『帝国ホテルの120年』

第一ホテル（1992）『夢を託して　第一ホテル社史』

砂本文彦（2008）『近代日本の国際リゾート：一九三〇年代の国際観光ホテルを中心に』青弓社.

山口由美（2018）『日本旅館進化論 星野リゾートと挑戦者たち』. 光文社.

Chapter 7

国内ホテルチェーン

Major Hotel Group in Japan

本章の目的

- 国内ホテルチェーンの実態を把握する。
- 各社の経営形態の違いについて考える。

---

1. 国内のホテル勢力図

2022年1月時点の国内ホテルチェーンの展開状況は以下のとおりです。

国内ホテルチェーンの客室数ランキング

順位	ホテルチェーン名	ホテル数	客室数
1	アパホテルズ＆リゾーツ（※業務提携362店を含む）	656	96,138
2	東横INN	331	72,559
3	ルートインホテルズ	324	55,815
4	オークラ ニッコー ホテルマネジメント	78	24,213
5	プリンスホテルズ＆リゾーツ	83	23,938
6	スーパーホテル	168	19,098
7	マイステイズ・ホテル・マネジメント	107	17,936
8	マリオット・インターナショナル	73	16,714
9	ダイワロイネットホテルズ	74	15,738
10	東急ホテルズ	51	15,220
11	相鉄ホテルマネジメント	78	14,720
12	阪急阪神第一ホテルグループ	46	12,247
13	藤田観光グループ	56	12,178
14	IHG・ANA・ホテルズグループジャパン	41	12,000

15	チョイスホテルズジャパン	72	11,342
16	ザ・セレスティンホテルズ、三井ガーデンホテルズ、Sequence	39	9,845
17	ワシントンホテルプラザチェーン/R&B	43	9,552
18	ホテルα-1グループ	48	9,548
19	JR東日本ホテルズ	57	9,316
20	ソラーレホテルズアンドリゾーツ	61	8,850
21	ホスピタリティパートナーズグループ	71	8,800
22	リッチモンドホテルズ	42	8,485
23	リゾートトラスト	49	7,710
24	ヒルトン	19	7,581
25	ダイワロイヤルホテルズ	25	6,980
26	ヴィアインホテルチェーン	27	6,617
27	都ホテルズ&リゾーツ	25	6,202
28	くれたけホテルチェーン	51	5,726
29	HMIホテルグループ	42	5,558
30	オリックス・ホテルマネジメント	25	5,337

週刊ホテルレストラン2022年3月4日号をもとに作成

　上のランキング上位3社の「アパホテルズ」、「東横イン」、「ルートイン」は、いずれも宿泊特化型ホテルが中心です。低価格を武器に全国展開をしており、利用者の支持を集めている結果といえるでしょう。6位の「スーパーホテル」、7位の「マイステイズ」も同様です。このようにホテル軒数、客室数で見ると、客室単価の安いビジネスホテルのシェアが高いこと分かります。

　5位の「プリンスホテルズ」と10位の「東急ホテルズ」、11位の「相鉄ホテルマネジメント」は、いずれも私鉄系のホテルチェーンです。

　西武グループ系列のプリンスホテルズは、赤坂や高輪といった都心の一等地のラグジャリーホテルから、避暑地の軽井沢やスキー場などのリゾート地まで、さまざまなロケーションで展開しています。施設の規模も50室未満の小規模なものから、3588室の「品川プリンスホテル」まで、バラエティ豊かです。

　東急グループ系列の東急ホテルズは、「ザ・キャピトルホテル東急」や「セルリアンタワー東急ホテル」といった最上位ブランドをはじめとするシティホテルと、ビジネスホテルの「東急REIホテル」（旧東急イン）、その中間に位置するスタイリッシュな宿泊特化ホテルブランド「エクセルホテル東急」を展開しています。

相鉄グループはもともと「相鉄フレッサイン」など宿泊特化型ホテルを運営していましたが、2014年にJTBからサンルート事業を取得して、一気にホテル軒数を増やしました。

つぎに売上規模の面から比較してみましょう。日経MJによる国内ホテルの売上高ランキングは以下の通りです。

国内ホテルチェーンの売上高（2020年度）

社名	売上高（百万円）	対前年%
プリンスホテル	48,372	▲ 69.7
共立メンテナンス（ドーミーイン）	46,246	▲ 41.4
東横イン	43,000	▲ 54.6
ホテルオークラ	31,566	▲ 59.2
ミリアルリゾートホテルズ	28,627	▲ 55.5
東急ホテルズ	27,500	▲ 65.5
ニュー・オータニ	22,234	▲ 56.5
スーパーホテル	20,979	▲ 38.7
近鉄・都ホテルズ	19,823	▲ 59.6
帝国ホテル	18,323	▲ 63.8

出典：日経MJ（流通新聞）　2021年10月29日　「第39回サービス業調査」

パンデミックの影響により、すべてのホテルが減収しました。とくにプリンスホテルや東急ホテルズ、帝国ホテルなどはマイナス幅が60%超となっていますが、都心部のシティホテルはインバウンド消滅の影響を大きく受けたものと考えられます。エコノミーホテルの中でも、ドーミーインやスーパーホテルのマイナス幅は4割程度にとどまりました。

2. 国内ホテルチェーンの経営形態

次に各ホテルチェーンの経営形態について考えてみましょう。

第3章で見たとおり、ホテルの経営形態には、直営方式、リース方式、マネジメントコントラクト方式、フランチャイズ契約方式、アフェリエイト方式があります。

各社さまざまな経営形態をとっていますが、その違いによってメリット・デメリットがあることは既に見てきたとおりです。

主要ホテルチェーンの経営形態

ホテルチェーン名	経営形態
アパホテルズ＆リゾーツ	直営 197、賃貸 1、FC96、業務提携 362
東横ＩＮＮ	MC 331
ルートインホテルズ	直営 236、賃貸 88
オークラ ニッコー ホテルマネジメント	直営 2、賃貸 2、MC66、その他 5
プリンスホテルズ＆リゾーツ	直営 45、賃貸 9、MC6、FC16、その他 7
スーパーホテル	賃貸 143、FC25
マイステイズ・ホテル・マネジメント	賃貸 82、MC25
マリオット・インターナショナル	NA
ダイワロイネットホテルズ	賃貸 74
東急ホテルズ	賃貸 34、MC5、FC5、業務提携 7
相鉄ホテルマネジメント	直営 6、賃貸 39、MC7、FC26
阪急阪神第一ホテルグループ	直営 21、FC10、その他 15
藤田観光グループ	直営 11、賃貸 25、MC4、FC13
IHG・ANA・ホテルズグループジャパン	MC26、FC15
チョイスホテルズジャパン	FC72
三井ガーデンホテルズ	賃貸 38、MC1
ワシントンホテルプラザチェーン/R＆B	直営 7、賃貸 36
JR 東日本ホテルズ	直営 47、賃貸 9、その他 1

週刊ホテルレストラン 2022 年 3 月 4 日号をもとに作成

3. ビジネスホテル（エコノミーホテル）の経営戦略

　ビジネスホテルは、宿泊と朝食提供に特化したビジネスパーソン向けの安価なホテルですが、調査会社の J.D.パワーアジア・パシフィックが調査したエコノミーホテル部門において、7 年連続してもっとも宿泊客の満足度評価が高かったホテルチェーンは、スーパーホテルでした。[31]

　株式会社スーパーホテルは、1989 年山本梁介会長によって創業されましたが、異業種のマンション経営の経験から、あらゆる無駄を排除した「引き算」の経営を断行して、1 泊 5,000 円前後からという格安料金を武器に急成長を遂げ、現在では国内 130 店舗以上、海外 3 店舗を展開するホテルチェーンとなりました。

　スーパーホテルの運営における最大の特徴は、サービススタッフの徹底的な絞り込みと効率的

---

[31] ㈱J.D.パワーアジア・パシフィック　2021 年日本ホテル宿泊者満足度調査

サービスオペレーションです。基本的には住込みの支配人・副支配人（多くの場合夫婦でペア）がホテルに常駐して、その他サービススタッフはアルバイト2、3名のみを採用、客室清掃や朝食提供等は外注しています。この少人数オペレーションを実現するため、入口には自動チェックイン機を設置し、入館時にチェックイン機で精算を済ませると、部屋の鍵の暗証番号が印刷されたレシートが出力されて、チェックアウト時にフロントで精算を行う必要もありません。この工夫によって、出発時の利用者の手間と時間を軽減して利便性を高めると同時に、チェックアウトに関わるフロント業務を大幅に縮小しているのです。その他にも、昼間は空調を停止したり、館内の照明はLEDを使用するなど、コスト削減のための工夫が多く取り入れられています。

　低コストを徹底する一方で、顧客満足を高めるため、「ぐっすり睡眠保証」制度を謳って、もしも安眠できなければ宿泊代金を返金するサービスを行っています。客室の壁は防音性を高め、客室内の冷蔵庫は静音仕様にして騒音をなくし、さらに6種類から選べる枕コーナーを設置するなど、「安眠」にこだわった運営を徹底しています。

　このようにサービスを限定（リミテッド）して徹底的にコストを抑制しながら、エコノミーホテルの最大の価値である睡眠にフォーカスした運営が顧客の支持を集め、コストパフォーマンスの高さで評価されているのです。

◆参考文献

週刊ホテルレストラン2022年3月4日号

日本ホテル協会（2009）日本ホテル協会百年の歩み. オータパブリケイションズ

日経情報ストラテジー　2011年4月号　「スーパーホテル会長　山本梁介　『引き算』の発想で顧客満足と効率をITで追求」

Chapter 8

ホテルの組織構造と職種

The Organizational Structure and Jobs

本章の目的

- ホテルの組織構造を概観する。
- ホテルの職種を知る。
- 国内ホテルと外資系ホテルのキャリアパスについて考える。

---

1. 国内ホテルの組織構造と職種

国内ホテルの典型的な組織構造は次頁の図のようになっています。

経営全般を取り仕切る社長の下に、ホテルオペレーションのすべてを統括する総支配人が任命されます。総支配人を補佐する立場として、営業部門を統括する副総支配人と、管理部門を統括する副総支配人が置かれています。

営業部門は、宿泊部門、食堂部門、宴会部門、調理部門、営業（セールス＆マーケティング）部門に分類されます。（食堂部門と宴会部門を合わせて料飲部門と呼び、それを統括する料飲支配人が配置される場合もあります。）

管理部門には、総務・人事部門、経理部門、購買部門、施設部門があります。

1-1. 宿泊部門

宿泊部門は、宿泊支配人のもと、客室予約（リザベーション）、フロントオフィス（フロントレセプション）、フロントサービス、ハウスキーピング、オペレーター等のセクションによって構成されます。それぞれのセクションには、マネージャー（もしくは課長）が任命されます。

客室予約（リザベーション）では、電話やインターネット等を経由して入る予約を、PMS[32]と呼ばれるシステムを使用してコントロールしています。近年ではレベニュー・マネジメント手法を取り入れ、その日の需要に応じて販売料金を変えているホテルも増えましたが、そうした価格の決定を行うのも予約課の業務です。

---

[32] PMS: Property Management System　客室のコントロールに使用されるシステム。

国内ホテルの組織例

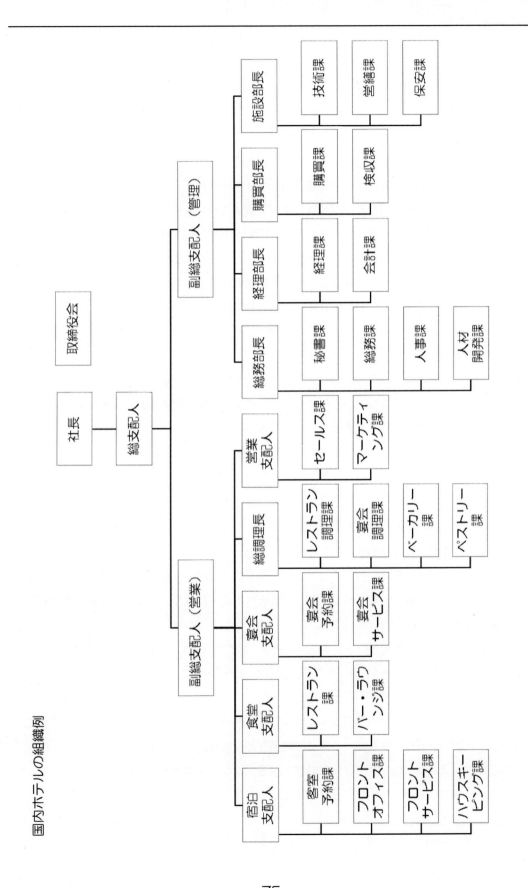

フロントオフィスは、主にフロントカウンターでチェックイン/アウト等のレセプション業務、客室のアサインメント（客室の割り当て）等の業務を行います。

　フロントサービスには、ドアマン、ベル、コンシェルジュなどのセクションがあります。ドアマンは、入り口周辺でゲストを出迎え、駐車場への案内やハイヤー等の手配を行います。ベルは、チェックイン/アウトの際のゲストアシストや、宅急便手配、ロビー周りでのサービス等を行います。コンシェルジュカウンターを設置している場合は、コンシェルジュ[33]がゲストの質問や要望に応え、道案内や予約手配、店の紹介など幅広くサポートを行います。

　ハウスキーピングは客室清掃とパブリックエリア清掃を行います。多くのホテルでは清掃業務を外注業者に委託していますが、最終的なチェックを行う責任者はホテル従業員がエグゼクティブ・ハウスキーパーに任命されて行います。直接ゲストと接触する機会は少ないですが、顧客満足に大きな影響を与える商品を管理するため、重要な職務です。

　オペレーターは外線/内線電話の取次ぎ、モーニングコール等の業務を行います。

1-2.　食堂部門

　食堂部門は、一般にレストランとバー・ラウンジに分類されています。

　ホテルのレストランは、フレンチ、イタリアン、洋食、中華、和食など、バラエティに富んでいます。また、宴会料理などの大量調理を得意とするホテルならではの施設として、ビュッフェスタイルのレストランも多くのホテルで設置されています。

　たとえば、帝国ホテル東京のレストランには、フランス料理『レ セゾン』、トラディショナルダイニング『ラ ブラスリー』、ビュッフェレストラン『インペリアルバイキング サール』、鉄板焼『嘉門』、オールデイダイニング『パークサイドダイナー』があります。このほかルームサービスは 24 時間提供されています。

　バー・ラウンジは、食事よりも主にコーヒーや酒などのビバレッジ（飲料）を中心に提供する施設です。ロビーや見晴らしの良い上層階に設置されることが多く、待ち合わせなどで気軽に利用できる店です。

　たとえば、帝国ホテル東京のバー・ラウンジには、メインバー『オールドインペリアルバー』、ロビーバー『ランデブーバー』、ロビーラウンジ『ランデブーラウンジ』、ティー・カクテルラウンジ『インペリアルラウンジ アクア』があります。

　こうしたレストランやバー・ラウンジでは、ウェイター、ウェイトレス、ワインの専門家であるソムリエ、黒服を着たマネージャーなどの職種があります。

　これら直営レストランに加えて、外部の飲食店をテナント（委託食堂）として入居させて、食のバラエティをさらに豊かにしているホテルもあります。

---

[33] コンシェルジュは、ゲストリレーションズと呼ばれる場合もあります。

たとえば、帝国ホテル東京のテナントには、日本料理『東京なだ万』、京料理『伊勢長』、懐石料理『東京吉兆』、江戸前鮨『なか田』、江戸前鮨『鮨源』、天ぷら『天一』、中国料理『北京』、ジャパニーズ ダイニング『讃アプローズ』があります。

1-3. 宴会部門

宴会部門には、宴会予約と宴会サービスとがあります。

宴会予約は、さらに婚礼とそれ以外の一般宴会とに分かれている場合もあります。婚礼はウェディングプランナーがゲスト一組ごとに担当となり、披露宴当日まで数回にわたって詳細を決定していきます。一般宴会は利用者、用途ともにさまざまなケースがありますが、それぞれのゲストの要望を宴会として作り上げてゆきます。宴会予約では、宴会イベントのプランニング、見積書作成、会計等の業務を行います。

宴会サービスは、宴会予約担当が決定したプランに沿って、実際に宴会運営を行います。多くの場合、ウェイターやウェイトレスは配膳人[34]が担当し、ホテルの社員はインチャージ（責任者）として統括します。

1-4. 調理部門

調理部門は、総料理長のもと、料飲各セクションに料理を提供します。

各レストランごとの調理場のほか、宴会部門の調理は、プレパレーション、コールド、ホットなどに分かれている場合もあります。

プレパレーションは食材の下処理や準備を行い、コールドはオードブルなどの冷菜、ホットはメインディッシュなど温かい料理を調理します。

その他、パンを製造するベーカリーや、スイーツを担当するペストリーなどのセクションがあります。

1-5. 営業部門（セールス＆マーケティング）

営業部門には、セールス課、マーケティング課があります。

セールス課は、セールスマンが営業活動を行いますが、旅行代理店担当、一般企業担当、官公庁担当、海外セールス担当など、ターゲットとする客層ごとにチーム編成されています。

マーケティング課は、マスコミ等への広報活動や宣伝、ウェブサイトの作成と更新、フライヤーやパンフレットなど販促物の制作などを行います。また、ディナーショーやウェディングフェアなどのイベントを企画します。

---

[34] 配膳人は、配膳人紹介所を通じてホテルに派遣されるサービスプロフェッショナル。雇用形態としては日雇いで、雇用主はホテル会社。

1-6. 総務部門

総務部門には、秘書課、総務課、人事課、人材開発課があります。これらの部署はホテル業に限らず、多くの会社に共通してある機能といえるでしょう。

秘書課は、社長や役員等の秘書業務を務めています。

総務課は、会社の規定や文書取扱・管理、法務、株式会社の場合には株主総会関連の事務局業務などを行います。

人事課（ヒューマンリソース課とも呼ばれる）は、採用、人事異動、給与計算、社会保険労務等を行います。

人材開発課（トレーニング課とも呼ばれる）は、従業員向けの研修を企画、実施します。研修には、新入社員研修、管理職研修、海外派遣研修等の特定の従業員に対する能力開発と、コンプライアンス教育や安全衛生、避難訓練等すべての従業員向けの講習会があります。

1-7. 経理部門

経理部門には、経理課（または主計課）と会計課（または収納課）があります。

経理課は、財務諸表（貸借対照表、損益計算書、キャッシュフロー計算書）を作成する決算業務、税務、資金繰り、予算管理などを行います。

会計課は、日々オペレーション部門で計上される売上の帳票類の精査、仕訳、請求書作成と売掛金回収等を行います。また、F&B コントローラーという役職を置いて、料飲部門のコスト管理（管理会計）を行う場合もあります。

1-8. 購買部門

購買部門には、購買課と検収課があります。

購買課は、各セクションの購入希望を取りまとめて、食材などの原材料をはじめ、さまざまな備品類の発注業務を行います。取扱うアイテム数は膨大で、取引する業者数もたいへん多いのが特徴です。

検収課では、購買課が発注した品物を業者から受け取り、中身を精査して、各セクションに配布します。

1-9. 施設部門

施設部門（エンジニア）には、技術課、営繕課、保安課があります

技術課では、ボイラーや電気系統のメンテナンスを行います。ホテルは多数の客室に給湯したり、暖房したりするため、大型のボイラーが必要です。また、停電時などに備えて大型発電機も設置しています。その他、各客室内の配管や空調のメンテナンスも客室数が多いほど業務量も増

えてゆきます。

　営繕課は、器具や備品の補修作業や、簡単な備品類の製作などを行います。

　保安課は、火災報知機や警備を担当します。

　これまで見てきたように、多くのゲストを迎えるホテルでは、ゲストの目に触れないところも含めて、いろいろな部署が協力し合ってはじめてサービスが完成されます。お互いの能力を尊重しあいながら、ゲストの満足という共通の目標に向かって日々業務を行ってゆくことが重要なのです。

2. 外資系ホテルの組織構造と職種

　外資系ホテルの組織構造は、一般的に次の図のようになっています。

2-1. Rooms Division

　Rooms Division は、宿泊部門のことです。

　Reservation（客室予約課）、Front Office（フロントオフィス課）、Housekeeping（ハウスキーピング課）、PBX（オペレーター課）は、国内ホテルと同様と考えてよいでしょう。

　先ほどは施設部門にカテゴライズされていた Engineering と Security は Rooms の一セクションとして組み込まれていますが、これは部門の違いだけです。Laundry はゲストの洋服や従業員の制服等のクリーニングを行います。

2-2. Food & Beverage Division

　Food & Beverage Division は、F&B と略されますが、料飲部門、つまり食堂と宴会をあわせた部署です。日本では宴会ビジネスが盛んであり、御三家ホテルをはじめとする歴史ある国内ホテルは大きな宴会場を完備し、多くの収入を得ています。それに比して、欧米のホテルではそれほど宴会ビジネスは盛んではありません。そこで食堂と宴会の部門をあえて分けるまでもない、ということでしょう。

　Convention & Catering というのが、いわゆる宴会部門です。コンベンション（国際会議や総会などの大型会議）とケータリング（出張宴会）は欧米でも盛んに行われている一方、婚礼や企業の一般宴会はそれほど実施されません。

　Stewarding というのは、食器や什器の管理を行う担当者です。カップなどの陶磁器やスプーンなどの銀器など、ひとつひとつは小さいですが、大量に使用される消耗品であるため、つねに

外資系ホテルの組織例

```
                        ┌─────────────────┐
                        │ General Manager │
                        └────────┬────────┘
   ┌──────────┬──────────┬───────┼───────────┬──────────────┐
┌──────┐ ┌─────────┐ ┌──────────┐ ┌───────────┐ ┌──────────┐
│Rooms │ │ Food &  │ │  Human   │ │Marketing &│ │Accounting│
│      │ │Beverage │ │Resources │ │  Sales    │ │          │
└──┬───┘ └────┬────┘ └────┬─────┘ └─────┬─────┘ └────┬─────┘
```

Rooms
- Reservations
- Front Office
- Housekeeping
- Laundry
- Security
- Engineering
- PBX

Food & Beverage
- Kitchen
- Food Service
- Room Service
- Beverage Manager
- Convention & Catering
- Stewarding

Human Resources
- Recruitment
- Payroll/Benefits
- Training

Marketing & Sales
- Marcom
- Sales Managers

Accounting
- Asst. Controllers
- Finance Operations
- Purchasing
- Store
- F&B Controller
- Credit Manager

状態を把握して、計画的に新しい食器を購入したり、補充するなどの手配が必要なのです。

2-3. Human Resources Division

Human Resources Division は、人事部門のことです。

Recruitment が採用を行い、Payroll/Benefits は給与計算や福利厚生を担当します。Training は国内のトレーニングと同様、さまざまな従業員教育を実施します。

2-4. Marketing & Sales Division

Marketing & Sales Division は、営業部門のことです。

Marcom はマーケティング課と同様の業務を行います。Sales についてもセールス課と同様です。

2-5. Accounting Division

Accounting Division は、経理部門のことです。

Financial Controller のもと、Assistant や Accountant が財務諸表などを作成します。Financial Operations は会計課と同様で、現場の売上などの管理、仕訳を行います。F&B Controller は国内と同様に料飲のコスト管理を行います。Credit Manager は売掛金の管理、回収を行っています。Purchasing は購買課、Store は検収課と同様です。

3. 国内ホテルと外資系ホテルの組織構造の違い

ここまで国内ホテルと外資系ホテルの組織構造を概観してきましたが、最大の違いは何だったでしょうか。

1 つは、ビジネスモデルの違いによって、日本のホテルは宴会ビジネスのウェイトが大きいため、宴会部門の規模とそれに伴う職種の数も多いということです。

もう 1 つは、国内ホテルの総務部門（なかでも秘書課や総務課）といった部署が、外資系ホテルには見当たりません。そもそも社長や取締役会の記載もありませんでした。外資系ホテルも会社である以上、社長や取締役会、総務といった機能は必要です。しかし、日本国内に進出している外資系ホテルは、本社は欧米などの海外にあります。したがって社長や取締役会は本国にあるため、秘書などの業務も国内には必要ない、というわけです。総務課の業務の中でも、株式総会関連業務や法務といった機能は本国にあるため、日本に進出している外資系ホテルの組織には必要ありません。

こうした組織構造上の違いから、ホテルに就職した後、将来のキャリアパス[35]にも違いがでることになります。

◆参考文献

Alan T. Stutts, James F. Wortman (2005) Hotel and Lodging Management: An Introduction 2nd edition

---

[35] キャリアパスとは、会社の中で将来目指す職位に至るまでに経験していくさまざまな職種や職位の順序、計画のこと。

Chapter 9

客室部門のビジネス特性

The Characteristics of Rooms Business

本章の目的

- 客室部門のビジネス特性を考える。
- 客室部門の業績評価指標を理解する。
- レベニュー・マネジメントの考え方を知る。

---

1. 顧客が求める価値とは？

経営学の父と呼ばれたピーター・ドラッカーは、ビジネスの目的について以下のように語りました。

There is only one definition of business purpose: to create a customer.[36]

つまり、どんなビジネスであれ、究極の目的はカスタマー（顧客）を作り出すことである、というのです。カスタマーは単なるゲストではありません。なんども利用してくれるファンのような存在です。

それではホテルの客室部門にとって、カスタマーはどんな人で、どんな価値を求めているのでしょうか？

ホテルでは、顧客を属性ごとに分類します。これをセグメンテーションと呼びます。そして各セグメンテーション、さらには予約経路（Source）ごとに客室料金を設定します。

セグメンテーションと客室料金の例を見てみましょう。

まず、顧客は「個人」と「団体」に大別されます。一口に個人客といってもその目的によって、レジャー、ビジネス、その他に分けて考えられるでしょう。レジャーでホテルを予約する場合、①直接電話する、②インターネット経由で予約する、③旅行代理店のパッケージ商品を利用する、④オンラインエージェントを利用する、といった予約経路が考えられます。ビジネスで利用する顧客は、企業とホテルが年間契約を締結して、特別な料金を提示します。これをコーポレートレ

---

[36] Peter F. Drucker (1954) The Practice of Management, P37

ート、もしくはコントラクトレートと呼びます。

　団体客には、旅行代理店が主催するツアー旅行や、大規模な国際会議等のコンベンション関連の宿泊、企業のインセンティブツアーなどがあります。

　このように、利用目的によって顧客が求める価値も違ってくることでしょう。

セグメンテーションと客室料金の設定例

- 個人 Individual
    - レジャー Leisure（Best Available Rate、Travel Agent、Internet）
    - ビジネス Business（Contract Rate）
    - その他 Other
- 団体 Group
    - ツアー旅行 Tour / Wholesale
    - MICE：会議（Meeting）、報奨・研修旅行（Incentive Travel）、国際会議（Convention）、展示会・イベント（Exhibition/Event）
    - 行政機関 Government
    - その他 Other

　ホテルには、スーパーラグジャリーからエコノミークラスまで、さまざまなタイプがあって価格も異なりますが、顧客の要求する価値の違いについて考えてみましょう。

　米国の心理学者、アブラハム・マズローは、人間の欲求には５つの段階があると考えました。[37]人間の根源的な欲求は食欲や睡眠欲といった生理的欲求（Physiological）です。それが満たされると、安全（Safety）を求めます。次の段階は愛情（Love）や帰属意識（Belonging）を求め、さらには尊敬されたい（Esteem）と願うようになります。そして最終的には自己実現（Self-actualization）を求めるようになる、と考えたのです。

　これを宿泊施設のタイプに当てはめると、人間の根源的欲求にあたる睡眠や食事を提供することに特化して、価格をおさえたサービスを提供するという意味では、民宿やユースホステルなどが相当するかもしれません。次に安全性という面では、個室に分かれていて鍵のかかるドアがある宿泊特化型のエコノミーホテルやビジネスホテルが相当するでしょう。愛情や帰属意識は、従

---

[37] A. H. Maslow（1943）A Theory of Human Motivation, Psychological Review, 50, 370-396.

84

業員によるあたたかいサービスなどを期待できるシティホテルが該当します。尊敬を受けるためには、高級なブランドを使用するというのも一つの方法ですが、歴史と格式のある有名ホテルに泊まるということはステータスと捉えることもできるでしょう。最後に自己実現という意味では、旅先でも自分らしく振舞えるという意味で、顧客の好み等をデータベース化して手厚いおもてなしをするラグジャリーホテルや、リゾート地のコンドミニアム、ということになるでしょうか。

欲求の段階が高くなればなるほど、それを充足させるサービスや設備は高価なものになっていきます。したがって、上に述べたようにより高次の欲求レベルを満たす商品は価格も高くなる、と説明することができます。

多様な宿泊施設の存在によって、顧客はそのときの状況や必要に応じて、さまざまなカテゴリーやブランド、立地、価格帯の選択肢の中から、最適な施設を選ぶことが可能となるのです。

2. 客室部門の業績評価指標

業績評価指標（KPI：Key Performance Indicator）とは、そのビジネスが効率的に行われているか否かを判断する基準となる指標のことです。

それでは、客室ビジネスにおける業績評価指標は何でしょうか。みなさんもよく耳にする客室稼働率と平均客室単価は代表的な指標です。

2-1. 客室稼働率（Occupancy、略称 OCC）

客室がホテル全体の何パーセント販売されているかを表す指標です。パーセント表示で、通常は小数第一位まで表記されます。

客室稼働率 ＝ 客室販売数÷総客室数

OCC ＝ Occupied Rooms÷Number of Total Rooms

たとえば、1000 室のホテルで855 室販売した場合、客室稼働率は85.5%です。

客室稼働率は 1 日単位のほか、1 か月、3 か月、1 年など、一定期間にわたって計算することもできます。その場合、分母となる総客室数は客室数×日数となります。

たとえば、1000 室のホテルで、今年 1 年間（365 日）の稼働率を計算する場合、1000×365＝365,000 室が分母となります。

2-2. 平均客室単価（Average Daily Rate、略称 ADR）

販売した客室の平均単価です。金額（円単位）で表記されます。

平均客室単価 ＝ 客室総売上÷客室販売数

$ADR = Total\ Rooms\ Revenue \div Occupied\ Rooms$

　たとえば、855 室販売して売上の合計が 2565 万円だった場合、ADR は 30,000 円となります。稼働率と同様に、一定期間の単価を計算することも可能です。

2-3. 稼働率か？　ADR か？

　みなさんが目にする報道のなかで、ホテルの業績を報じる際に、「採算ラインの稼働率 70% を確保した」といった記事をご覧になったこともあるでしょう。採算ラインとは、そこまで売れば黒字になる水準、という意味です。しかし、稼働率 70% で本当に黒字になる、と言い切れるのでしょうか。

　たとえば、1000 室あるホテルの稼働率が 100% になりましたが、その ADR が 10,000 円だった場合と、稼働率は 60% でも平均 20,000 円で売る場合とでは、どちらの売上が高いでしょうか。もちろん 20,000 円で販売すれば 60% でも 1200 万円の売上ですから、100% で 10,000 円＝1000 万円よりも良い結果であると言えます。このように、稼働率だけではホテルの業績を語ることはできないのです。

　つまり、客室ビジネスの効率性を測るためには、客室稼働率と平均客室単価の双方のバランスを考える必要があるのです。そこで考えられた指標が、レヴパーです。

2-4. レヴパー（Revenue Per Available Rooms, Rev-PAR）

　ホテルビジネスでもっとも重視される指標は、Rev-PAR（レヴパー）です。直訳すると「販売可能客室 1 室あたりの平均室料収入」という意味です。「販売可能客室」という語は聞きなれないかもしれませんが、販売することが可能な部屋、要するにホテルの全客室数のことです。

レヴパー＝ 客室総売上÷販売可能客室数

$Rev\text{-}PAR = Total\ Rooms\ Revenue \div Available\ Rooms$

　たとえば、1000 室のホテルの売上合計が 2565 万円だった場合、Rev-PAR は 25.650 円となります。

　ADR は客室総売上を実際に販売した部屋数で割りましたが、Rev-PAR は販売できなかった部屋の数も含めた全客室数で割って求めます。これはいくらで販売したかに関わらず、ホテルの全客室を効率的に販売できたのかを総合的に測る指標なのです。つまり Rev-PAR は、結果的

には前項で論じたように稼働率と ADR の双方を加味した指標となっています。その証拠に、稼働率と ADR を乗じた値は、Rev-PAR と等しくなるのです。

レヴパー ＝ 客室稼働率×平均客室単価

Rev-PAR ＝ Occupancy×Average Daily Rate

客室部門の主要指標

指標	KPI	計算式
客室稼働率	OCC (Occupancy)	客室販売数÷総客室数
平均客室単価	ADR (Average Daily Rate)	客室総売上÷客室販売数
レヴパー （販売可能客室 1 室あたりの平均室料収入）	RevPAR (Revenue Per Available Room)	客室総売上÷販売可能室数 （客室稼働率×平均客室単価）

3. 客室ビジネスの制約条件

　ホテルの客室ビジネスを行う上で、いくつかの制約条件があります。

　まず、ホテルビジネスは立地がもっとも重要であるといわれますが、その立地によって顧客から求められる価値はかなりの部分が決まってしまいます。つまりある程度客層やシーズナリティなども限定されてしまうということです。

　また、ホテルの客室数は限りがあるため、どんなに多くのゲストが来館したとしても、もともとある客室数以上に販売することはできません。

　さらに、商品を翌日に持ち越すことができないという性質も重要です。今日、販売できなかった客室は、翌日販売することはできても、今日の分の売上とはなりません。つまり、その日のうちに販売できなければ、二度と販売することはできない、ということです。言い方を変えると、生鮮食品と同じでその日のうちに売り切ってしまわなければ商売にならない、ということなのです。

このように考えると、立地によって決まる需要のなかで量的に限られた客室を、限定的な期間内に、より効率的に販売することが客室ビジネスの要諦であるといえます。

4. レベニュー・マネジメント

前項で見たように、より効率的に客室の販売を行うことが求められる中で、生み出された手法がレベニュー・マネジメント（Revenue Management）です。
ロバート・クロスは、レベニュー・マネジメントを以下のように定義しました。[38]

Revenue Management is the application of disciplined tactics that predict consumer behavior at the micro-market level and that optimize product availability and price to maximize growth.

ここで言うマイクロ・マーケット（micro-market）というのは、第1項で見た顧客セグメントのことです。顧客セグメント別に需要を予測して、それぞれの顧客に最適な価格を提供してゆくことによって収益を最大化することが、レベニュー・マネジメントなのです。

同じ本の中に、キャロルの床屋（Carol's barbershop）という話がでてきます。
キャロルは田舎町でたった1席だけの小さな床屋を経営していました。その床屋は、毎週土曜日は大忙しで、最大で2時間待ちになることもありました。長い行列を見て、あきらめて帰ってしまう客も多く見受けられました。一方、火曜日はいつも空いていて、キャロルは1日中窓の外を眺めながらぼうっと過ごすことも少なくありません。この床屋は毎月賃料を支払っていますが、徐々に値上がりして経営は苦しくなっていました。かといって一律にカット料金を急に値上げすることはできません。

そこでキャロルは、曜日によってカット料金を変えることにしました。土曜日は20％値上げし、かわりに火曜日は20％値下げすることにしたのです。この変更によって、それまで土曜日に来ていた子供や老人は、火曜日に来店するようになりました。土曜日の混雑状況は緩和されて、最大でも30分待ちに短縮されました。値段が多少高くても、どうしても土曜日にカットしたい、という客は以前よりも待ち時間も少なくなって、満足度も上がりました。これまで長い行列にうんざりして取りこぼしていた新規客も来店するようになり、結果的に床屋の総収入は2割増加したのでした。

---

[38]Robert G. Cross（1997）Revenue Management: Hard-Core Tactics for Market Domination, Broadway Books

以上が需要予測に基づく価格コントロールのもっともシンプルな例です。ホテル客室販売の場合には、たくさんの部屋タイプや多様なニーズをもった顧客セグメントなど、より多くの要素を考慮して価格を決定してゆく必要があります。

　ホテルの予約システムには、過去のデータが蓄積されています。昨年の同時期と比較して、予約のオンハンド状況（すでに受注している予約数）やシーズナリティを考慮し、ターゲット日の需要を予測して、競合の販売価格なども参照しながら価格を決定してゆくのです。さらに周辺で特別なイベントなどがあれば、その分需要が増減することも考えて価格を決定するのです。

レベニュー・マネジメントの際に考慮する要素
- 顧客セグメント別の需要予測
  　過去データ、予約オンハンド状況、シーズナリティ
- イベントの影響
  　周辺で行われるイベントの来場者予測、期間
- 競合他社の販売価格
  　価格調査データ、空室状況

◆参考文献

Robert G. Cross (1997) Revenue Management: Hard-Core Tactics for Market Domination, Broadway Books

Chapter 10

食堂部門のビジネス特性

The Characteristics of Restaurant Business

本章の目的
- 食堂部門のビジネス特性を考える。
- 食堂部門の業績評価指標を理解する。

---

1. 顧客が求める価値とは？

　ホテルのレストランを利用する顧客は、どんな用途で来館するのでしょうか。

　たとえばプライベートでは、記念日やデート、誕生会や女子会などで楽しく利用することもあれば、プロポーズや結納など人生の大事な場面の舞台として選ぶこともあるでしょう。ビジネスでは、接待や会社の新年会、忘年会などで利用されることが多いでしょう。また、ホテルのレストランでは宿泊客への朝食の提供も欠かせません。

　このように、街中に数多あるレストランのなかで、あえてホテルのレストランを選択する顧客が求める価値とはなんでしょうか。

> **考えてみよう！**
>
> 　あなたは P ホテルのコンシェルジュです。各々のゲストに最適なホテル内のレストランをすすめてください。
> - ビジネスマンの接待
> - お子さんの七五三祝い
> - プロポーズ
> - 披露宴の二次会
> - 女子会

---

2. 食堂部門の業績評価指標

　食堂部門の効率性を測る指標には、主として客席回転数と平均客単価があります。

2-1. 客席回転数（Cover Turns）

　レストランの座席が、一定期間（シフト内、日、月、年）に使用された回数。単位は回転（数）で表します。

　　客席回転数　＝　総客数÷提供可能座席数

　　Cover Turns ＝ No. of Guests ÷ No. of Total Covers

　たとえば、50席あるレストランで、1日に75人の来店があった場合の客席回転数は、1.5回転です。

2-2. 平均客単価（Average Check）

　一定期間（シフト内、日、月、年）のレストラン利用客1人当たりの平均支払い金額。円単位で表示されます。

　　平均客単価　＝　レストラン総売上÷利用客数

　　Average Check ＝ Total Restaurant Revenue ÷ Total Covers

　たとえば、75人の来客があったレストランの売上が262,500円だった場合、平均客単価は3,500円となります。

　上記2つの指標だけでなく、客室部門におけるRev-PARと同様の考え方を適用して、レストランの運営効率性を測る指標が、レヴパッシュです。

2-3. レヴパッシュ（Revenue Per Available Sheet Hours, Rev-PASH）

　販売可能な客席1席あたり・時間当たりの平均収入という意味です。客室のRev-PARとの違いは、客室は1日に1回販売することを前提としていますが、レストランでは1席を複数回販売する（回転させる）という点です。したがって、分母となる席数に営業時間数を乗じます。

　　レヴパッシュ＝ レストラン総売上÷（販売可能席数×時間数）

Rev-PASH = Total Restaurant Revenue ÷ (Available Seat X Hours)

　たとえば、5時から10時までの営業時間（5時間）の100席のレストランで、1,167,500円の売上があった場合、Rev-PASHは2,335円となります。

営業時間	席数	客数	売上	Rev-PASH
5時～6時	100	25	75,000	750
6時～7時	100	75	262,500	2,625
7時～8時	100	100	400,000	4,000
8時～9時	100	80	280,000	2,800
9時～10時	100	50	150,000	1,500
合計	500	330	1,167,500	2,335

3. 食堂部門の販売戦略

　客室部門では収益を最大化するために、需要を予測して販売価格をコントロールして最適化していましたが、食堂部門の最大の違いは、定価を頻繁に変更することができない、ということです。ホテルのメインダイニングで提供するステーキの値段が、今日は1万円で次の日は1万2千円、というような価格の変更はありえません。

　食堂部門の収益性を高めるためには、客席回転数を高めるか、平均客単価を高めることが考えられます。

　客席回転数を高めるためには、時間制を導入することが考えられます。とくにビュッフェ形式などでは「90分制」などの時間制限を設けることは、顧客の理解を得やすいでしょう。食事が終わった後も、おしゃべりのために居座られることは、収益性を損なう要因となります。しかし、ビュッフェ形式以外のレストランでは、そもそも価格設定が街中のレストランよりも高めであるホテルという性質上、ゲストには時間のことは忘れてゆったりと食事を楽しんでいただくということが求められるでしょう。

　平均客単価を高めるためには、主菜以外にもう一品や、食後のデザートなどをお勧めして、追加注文を促すことが考えられます。そういう意味では、ビールやワイン、食後酒などの飲料をお勧めするほうが容易かもしれません。そのためには、ゲストのグラスの中の状態をこまめにチェックして、タイミングよく自然にお勧めする心配りが大切です。

　その他のテクニックとしては、なるべくテーブル定員に近い人数をご案内する（たとえば4人掛けテーブルに1人客を誘導しない）などの工夫が考えられます。

また、プロモーションを行って集客を図るという手段もあります。たとえば、「いちごフェア」などのように、季節にあわせた特別メニューを開発したり、「イタリアフェア」など特定地域の料理を特集することも可能です。

また、ぐるなびや一休.コムなどレストラン案内のウェブサイトなどで割引クーポンを配布する手段もあります。

宿泊客のうちホテルのレストランで朝食をとる率を「朝食喫食率」と呼びます。朝食喫食率を高めるためには、魅力的な朝食付き宿泊プランを販売したり、チェックイン時に割引クーポンを配布するなどの工夫が考えられます。

4. ビュッフェスタイル

宴会料理など、一度に大量の食事を調理することを得意とするホテルならではのレストランが、いわゆる食べ放題のビュッフェスタイルです。すでに述べた通り、1958 年に帝国ホテルで「インペリアル・バイキング」という名で始められたものが最初です。バイキングと言えば北欧の海賊の名ですが、デンマークのスモーガスボードを手本にして、総料理長を務めていた村上信夫氏が考案したもので、当時人気を集めていた映画のタイトルから名付けられたそうです。

ビュッフェスタイルでは、顧客にとっては好きな食べ物を好きなだけ食べられるというメリットの一方で、料理を取るために頻繁に席を立つなど落ち着かないといったマイナス面があることも事実です。またホテル経営の面からは、多くの集客が期待できる一方で、大量の食材の廃棄コストなどの経費がかかることも避けられません。しかし、現在もなお多くのホテルでビュッフェが盛んに提供されているということは、やはりホテルにとっては欠かせない存在といえるのかもしれません。

◆参考文献
David K. Hayes, Allisha Miller (2010) Revenue Management for the Hospitality Industry. Wiley.

帝国ホテル編（2010）帝国ホテルの120年

Chapter 11

宴会部門のビジネス特性

The Characteristics of Banquet
& Wedding Business

本章の目的

- 一般宴会のビジネス特性を考える。
- 婚礼のビジネス特性を考える。
- 宴会部門の業績評価指標を理解する。

---

1. 宴会の種類

　第 8 章で見たように、宴会部門は宴会予約課と宴会サービス課によって構成されています。そして宴会予約課は、一般宴会担当と婚礼担当に分かれていることもすでに述べました。

　一般宴会担当は、婚礼以外すべての案件を取り扱うため、ゲストも個人、企業、学校法人、政府、非営利団体などさまざまです。

　婚礼担当は、挙式、披露宴、二次会などの予約受付、コーディネイトを行います。

　一般宴会、婚礼ともに、ホテルならではの特徴として、宿泊部門や食堂部門とのコラボレーションがよく行われます。とくに遠方からのゲストが多い宴会では、宿泊の手配を同時に行うケースが多く見られます。

2. 一般宴会：顧客が求める価値とは？

　一般に「宴会」というと、「酒食を共にし、歌や踊りを楽しむ集まり」[39]と定義されますが、ホテルの一般宴会で取扱う宴会はそれにとどまらず、料飲を提供しないミーティングや会議、企業の新年会から葬儀まで、まさに婚礼以外の集会すべてを含んでいます。

　ビジネス用途では、企業の歓送迎会や式典、忘新年会などが行われます。また「偲ぶ会」という名称で社葬などが行われるケースもあります。こうしたビジネスでの用途は、ホテルの格式や

---

[39] 小学館「デジタル大辞泉」

一般宴会の種別

一般宴会	ビジネス	・代表者就任披露　・新社屋竣工披露
		・祝賀会（創立記念、出版記念）
		・歓送迎会　・入社式
		・学校関連（同窓会、謝恩会）
		・忘新年会、クリスマスパーティ
		・法要（偲ぶ会）
	プライベート	・長寿祝（還暦、古稀、喜寿、傘寿、米寿、卒寿）
		・金婚式、銀婚式
コンベンション		・国際会議（政府関連、公共団体、NGO）
		・団体会議（政治団体、経営者団体、連合会）
		・学術会議（学会）
		・各種セミナー
展示会・発表会		・展示販売会
		・記者会見
催し物		・ディナーショー
ケータリング		・出張宴会

ブランド力、間違いのないサービスなどが求められると考えられます。

　近年、注目が集まっているMICE（企業等の会議：Meeting、企業等の行う報奨・研修旅行・インセンティブ旅行：Incentive Travel、国際機関・団体、学会等が行う国際会議：Convention、展示会・見本市／イベント：Exhibition/Event の頭文字をとったもの）は、大規模なものが多く、収容人数の多い大型の宴会場を持ち、国際儀礼（プロトコール）に即したサービスが可能なホテルが会場として選ばれています。また、とくに国賓や著名人などの VIP が出席する宴会においてはセキュリティの確保が重要になりますが、車での乗り入れの際のケアや裏導線への誘導、宿泊する際のフロア貸切など、充分な体制が提供されます。

　ケータリングとは、ホテルの外部にサービススタッフや調理スタッフを派遣して、その場でホテルと同様のサービスを提供する出張宴会のことです。

　このように、さまざまな用途に対応するために、宴会場をパーテーション（間仕切り）で仕切ったり、ホワイエ[40]まで開放してより大規模な集会に提供するなど、まさに千変万化します。

　宴会のレイアウトとしては、立食、正餐（円卓を囲んで着席する形）、スクール（テーブルを

40　［英］［仏］foyer　宴会場に付帯している待ち合いスペース。参加者が休憩、歓談などを行う場所。

教室のように並べる形）、シアター（映画館のように椅子だけを並べる形）などがあります。

3. 婚礼：顧客が求める価値とは？

　まず、ウェディング市場の現状についてデータを見てみましょう。

　少子高齢化の進展に伴って、日本の婚姻件数は年々減少傾向にあります。厚生労働省の統計によると、2021年の婚姻件数は501,116組で戦後最少でした。[41]　1970年代のピーク時には100万組を超えていたことを考えると、ほぼ半減していることが分かります。

婚姻件数及び婚姻率の年次推移

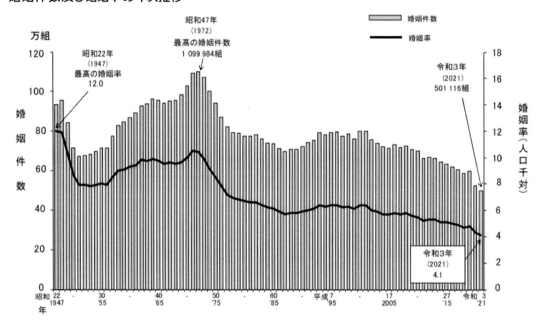

（厚生労働省　令和3年　人口動態統計月報年計（概数）より抜粋）

　結婚披露宴の会場としては、ホテルが27.8%、結婚式場が44.6%、ハウスウェディングが10.0%、レストランが6.6%、選ばれています。（首都圏のデータ[42]による。以下同）

　挙式スタイルとしては、キリスト教式が56.7%と圧倒的に多く、次いで人前式22.5%、神前式19.2%、と続いています。

　披露宴の料理は、フランス料理60.6%、和洋折衷料理18.7%、和食5.5%となっています。

---

[41] 厚生労働省　令和3年人口動態統計月報年計（概数）の概況
　　https://www.mhlw.go.jp/toukei/saikin/hw/jinkou/geppo/nengai18/dl/gaikyou30-190626.pdf
[42] ゼクシィ結婚トレンド調査2021年版 報告書（首都圏）
　　https://souken.zexy.net/data/trend2021/XY_MT21_report_06shutoken.pdf

このような消費者のニーズのなかで、とくにホテルを挙式会場として選択するゲストは、ホテルに何を求めているのでしょうか。

前掲のゼクシィ調査によると、披露宴パーティ会場を決定する際の重視点は、①料理、②交通の便がよいこと、③会場の雰囲気がよいこと、がもっとも高いポイントをつけていました。料理の質、交通の便を含めた立地の良さ、豪華な雰囲気はいずれもホテルの強みとも言える部分です。

その他、ホテルウェディングの強みと言えるのは、挙式から披露宴、写真撮影、列席者の宿泊、食事、二次会会場まで、すべてがワンストップで１つホテル内で完結できる総合力があげられます。

また、近年増えている人前式では、ロビーなどのパブリックスペースを利用した挙式が多く行われていますが、偶然そこに居合わせた周囲の人たちからも自然に祝福の拍手が沸き起こるなど、思わぬサプライズとして価値があるのかもしれません。

4. 宴会部門の業績評価指標

4-1. 件数（Number of Events）
一定期間の宴会件数です。しかし、とくに一般宴会は利用形態や利用時間、規模などが定型ではないため、件数だけで比較することは難しいのが実情です。通常、宴会種別ごとに件数をカウントして、予算や前年と比較します。

4-2. 平均客単価（Average Check）
一定期間の宴会利用客 1 人当たりの平均支払い金額。円単位で表示されます。とくに一般宴会では、必ずしも料飲の提供を行わない場合もあるため、案件ごとに金額は大きく異なります。

平均客単価 ＝ 宴会総売上÷利用客数

Average Check ＝ *Total Banquet Revenue* ÷ *Total Covers*

5. パートナー企業との協働

ホテルの宴会では、多くのパートナー企業（外部業者）と協業を行います。

宴会サービスは、配膳人紹介所を通じて紹介された配膳人スタッフを雇用して行われます。ホテルは宴会の予約状況を見て紹介所に求人を依頼し、紹介所に登録している配膳人が派遣されるというステップを踏みます。配膳人紹介所は雇用主ではなく、あくまでもホテルと配膳人とを仲介しているだけで、ホテルは紹介料を支払います。また、配膳人は紹介所に登録（求職）料を支

払います。配膳人は料飲サービスのプロフェッショナルであり、宴会のほかレストランに派遣されることもあります。

　宴会場を飾る装花は、提携する生花店によってディスプレイされます。大型のシティホテルには生花店がテナントとして入居しているケースが多く見受けられます。テーブルや宴会場の装花のほか、新婦のブーケなども制作します。

　とくに婚礼に注力しているホテルには、写真室や貸衣装、美容着付けなどのテナントが入居しています。

　その他、ビデオ撮影、音響を担当する専門業者や、引き出物を扱う百貨店など、多くの企業がホテルと協働しています。

◆参考文献

厚生労働省　令和３年 人口動態統計月報年計(概数)の概況
https://www.mhlw.go.jp/toukei/saikin/hw/jinkou/geppo/nengai21/dl/kekka.pdf

ゼクシィ結婚トレンド調査 2021 年版 報告書（首都圏）
https://souken.zexy.net/data/trend2021/XY_MT21_report_06shutoken.pdf

Chapter 12

ホテル産業におけるキャリア形成

The Career in Hotel Industry

```
本章の目的
・　ホテル産業の未来について考える。
・　ホテルの業務特性と求めらる能力について考える。
・　ホテリエとしてのキャリア形成について考える。
```

1．ホテル産業の未来

　パンデミックによって、観光業は大きなダメージを受けました。訪日外国人客誘致の起爆剤として期待されていた東京 2020 オリンピック競技大会は、大会関係者のみの入場という形で 1 年遅れて開催されました。本書執筆時点（2022 年 8 月）においても、政府は外国人の入国には厳しい制限をかけており、旅行市場の回復をみせる欧米との差は広がっています。国内旅行市場も、2022 年夏は行動制限のない夏休みとなりましたが、GoTo 事業はいまだストップしたままです。

　しかし、そのような状況のなかでも、2020 年以後たくさんのホテルがオープンしてきました。また、今後も全国にホテルの新増設は継続し、2022 年は 121 軒、2023 年以後合計で 282 軒の新規ホテル開業が計画されています。

地区別・年別のホテル新増設計画（ホテル軒数）

	北海道	東北	関東	東京	甲信越・北陸	東海・中部	近畿	中国	四国	九州	沖縄	合計
2022年	12	6	16	31	5	11	16	8	3	7	6	121
2023年	9	6	8	14	9	3	19	7	2	15	4	96
2024年	7	2	1	4	2	3	19	1	0	3	5	47
2025年	2	0	2	3	0	3	4	2	1	1	1	19
2026年〜	2	1	4	4	0	2	2	1	1	1	2	20
未定	5	5	13	26	9	9	9	3	0	9	12	100
地区計	37	20	44	82	25	31	69	22	7	36	30	403

（週刊ホテルレストラン 2022 年 6 月 3 日号をもとに作成）

投資家たちは、パンデミック収束後には多くのインバウンド客が再び日本を訪れ、宿泊需要はますます高まることを見込んで、新たなホテル建設に投資しているのです。ホテル事業は多額の初期投資が必要ですが、通常は 30〜50 年程度のスパンで計画します。パンデミックの影響はもちろん痛手ですが、デスティネーションとしての日本への注目度はますます高まっており、長い目で見れば将来必ず需要が高まることが予想されるため、ホテル開発の手を緩めないのです。

　国民総人口が減少してゆく我が国にあって、ホテル産業は外貨を獲得する成長産業として重要性を増してゆくことは間違いありません。

2. ホテルにおける業務の特性

　第 8 章で述べたとおり、ホテルには多くの部署（セクション）が存在します。

　たとえば 1 人のゲストが宿泊するケースを考えてみましょう。ゲストはホテルに宿泊したいと考えれば、電話もしくはインターネットを経由して予約します。電話をはじめに受けるのはオペレーターです。そしてリザベーションのスタッフが予約を受け付けます。ゲストがホテルに到着すると、ドアスタッフがお出迎えし、ベルスタッフがフロントまで案内します。フロントではレセプションスタッフがチェックイン作業を行い、その後ベルスタッフがお部屋まで案内します。滞在中も、レストランやラウンジ、フィットネスなどの施設を利用すればそれぞれのスタッフが対応します。また各種の相談や特別なアレンジを手配するコンシェルジュもいます。このように考えると、1 人のゲストが滞在するだけでどれほど多くのスタッフがサービスを提供しているかが分かります。その他にも総務や経理、調理、施設などのバック部門の存在も欠かせません。

　ホテルを運営する上で、ゲストのニーズに応えるサービスを提供するためには、ホテル内の各部署が連携して、チームワークを発揮する必要があります。帝国ホテルでは、従業員に「100-1＝0」という意識をもつよう伝えられています。従業員 1 人のたった 1 つのミスが、そのゲストの滞在経験を台無しにしてしまう、という意味です。

　また、ホテルは 365 日間、24 時間営業が基本です。そのため、主にオペレーションに関わる従業員はシフト交代制勤務であり、土日や連休に出勤することもしばしばあります。

　一方で、人が宿泊したり食事をしたりする場でもあるため、衛生管理はもちろんのこと、防災、救命救急、食中毒予防などの安全確保のための取り組みも必須です。とくに国賓級のゲストが滞在する場合には、警備体制を強化するなどの配慮が求められます。

3. ホテリエに求められる 3 つの能力

　ホテリエには、以下の 3 つの能力が求められます。

第1にコミュニケーション能力があげられます。ホテルのゲストは日本人のみならず、外国人も多いため、正しい日本語と英語は必須スキルです。また上述のとおりホテルでは部署間の連携が必要となるため、社内で一緒に働く従業員とのコミュニケーションも重要となります。日頃から従業員同士のコミュニケーションを十分にとることによって、サービスの際にもチームワークを発揮することが可能となるのです。

　第2の能力は、情報収集力です。ゲストはホテル館内の施設のことや、ホテル周辺の観光地などの情報を求めます。そのときにスタッフが素早く的確に回答して情報を提供できることが望ましいのです。それ以外にも、ニュースや翌日の天候など、ゲストとの会話を豊かにするためにも、日頃から情報収集を行う努力が求められます。

　そして最後に、**ゲストの喜びを自らの喜びとして捉えられる心**（マインドセット）があれば、ホテリエとしての日々の仕事も充実したものとなるでしょう。ホテルではさまざまなゲストにサービスを提供しますが、もちろんゲストと従業員の相性もありますし、ときには失敗してしまうこともあると思います。また自分に与えられた職務や同僚の態度に疑問を感じることもあるかもしれません。そのような出来事が起こったとしても、ゲストや同僚からの「ありがとう」という感謝の言葉に喜びを感じられれば、自分の職業に誇りをもって働き続けることができるのです。

4. ホテリエとしてのキャリア形成

　ホテリエとしてのキャリアは、一般的に現場での接客業務からスタートします。レストランのサービスや、ベルボーイといったセクションが多いでしょう。中には、いきなりハウスキーピングでほとんど接客のない業務に配属されるケースもあります。

　しかし、その後のキャリアは人それぞれです。たとえばベルに配属された後、数年後にフロント、そこから5～6年後にセールス担当へ、といった道を歩む人もいれば、途中で経理部門や人事部門へ異動するケースもあります。また、レストランのウェイターから黒服（インチャージ）に昇格し、その後資格試験に合格してソムリエとなる、というようにF&B部門内でキャリアを積む場合もありえます。

　企業は従業員を育成することによって、未来を切り開きます。現在の経営者は、いずれ次世代の従業員にとって代わられる存在だからです。将来、管理職や経営者になっていくにあたって、ゲストの一番近くで接客をする、という経験はたいへん重要です。ゲストの視点が分からなければ、顧客を満足させることはできず、ホテルの経営が成り立たないからです。

　ヒルトンなどの外資系ホテルでは、優秀な管理職を育成するために、ホテル内の全セクションを短期間のうちに経験させるトレーニングプログラムを実施しています。将来を嘱望される有能な人材には、すべての現場の業務内容と各業務のつながりを理解することがたいへん重要である

と考えられているからです。こうしたトレーニングを受けた人材が中間管理職となり、さらに経験を積んで総支配人などの重職についてゆくのです。

　ホテルに入社して数年間は、体力を使う業務や単純作業が多いかもしれません。しかし、つねに長期的な職業人生の視点をもって、自らの努力の積み重ねが、将来のキャリアを切り開いてゆくのだ、ということを念頭に置いて日々の業務にあたる心構えが大切なのです。

5. おわりに

　かつて松下幸之助が喝破したとおり、観光産業は外貨を獲得できるという経済効果だけでなく、文化の相互理解を促す平和のシンボルでもあります。そしてホテル産業は観光に欠くことができない主要産業のひとつです。

　私は、ホテルで働く最大の魅力は、人と人とのつながりにあると考えます。

　Airbnb が気づかせてくれたように、訪れてくれた旅人に対しては、親切に世話をやきたくなるのが人情であり、これこそがホスピタリティ精神の原点です。ホテルの語源として紹介したラテン語の「hospes」には、もともと「旅人」と「主人」という意味があり、ゲストとホスト双方を指します。ホストはゲストを迎えると、宿泊所と食事を提供し、保護します。ゲストの気持ちに寄り添い、その人の願望や心配事を察知してもてなすことによって、ゲストが満足した姿を見ると、サービスした人も幸せな気持ちになれるのです。こうした利他的な行為は、古今東西いろいろな地域で共通するものであり、人間の本質的な行動であると考えられます。

　ホテルを気に入ったゲストは、リピーターとなって、何度もスタッフとやりとりをする中で関係性が深まっていきます。これこそがホテルの醍醐味だと思います。あのスタッフがいるから、もう一度ホテルを利用したい、と思っていただけることは、何よりもうれしいものです。

　今後のホテル需要の高まりに伴って、そこでオペレーションに携わるスタッフの需要も高まってゆくことでしょう。ぜひ多くの若者が、明日のホテル産業を担う人材として活躍していくことを願ってやみません。

索引 index

【著者紹介】

吉田雅也（よしだまさや）

淑徳大学 経営学部 観光経営学科 学科長 教授

青山学院大学大学院国際マネジメント研究科国際マネジメント専攻修了。経営管理修士（MBA）。
１９９３年、株式会社東急ホテルチェーン（現：東急ホテルズ）入社。横浜東急ホテルにてレストランキャッシャー、フロントを経て人事総務アシスタントチーフ。２０００年より本社 経営管理室経営管理担当マネージャー、財務部財務担当マネージャーを歴任。
２００５年、MT&ヒルトンホテル株式会社に入社。コンラッド東京 アシスタントインフォメーションシステムマネージャー、営業推進部ｅコマースマネージャー、財務経理部クレジットマネジャーを経て、財務経理部課長。
２０１４年、株式会社パレスホテル入社。パレスホテル東京で経理部 支配人を務める。
明海大学ホスピタリティ・ツーリズム学部准教授を経て、２０１７年４月より現職。

ホテルビジネス2023　－パンデミックを越えて－

2022年10月4日　　初版発行

著　者　　吉田　雅也

発行所　　株式会社　　三恵社
〒462-0056 愛知県名古屋市北区中丸町2-24-1
TEL 052(915)5211
FAX 052(915)5019
URL http://www.sankeisha.com

ISBN978-4-86693-695-6 C1034